感染症時代の経営学

NAKAGAWA Koichi
中川功一
[編著]

Proposals from Management Scholars for the Age of Infectious Disease

千倉書房

まえがき――暗闇の荒野に、進むべき道を切り開く：経営学が果たすべき役割

学者という仕事をしていると、社会の危機に直面したとき、自分の学問が何かの役に立つだろうかと考えることがしばしばある。震災復興に、テロの脅威に、社会の分断に、環境破壊に。そして今、世界を襲うパンデミックに。医学、薬学を中心に、さまざまな分野の専門家たちが社会のためにと研究や発信にまい進されている一方で、事業や利益を扱う経営学に、はたして何ができるのか。大学の教室での講義もなくなった。企業と進めていた共同研究も軒並みストップだ。街は静まり返り、誰に合うのも、憚られる。そんな空気も災いして、2020年３月末、国民に外出自粛を促す緊急事態宣言を目前に、筆者は自宅でひとり、無力感に苛まれていた。

だが幸いにも、そんな暗澹たる気持ちは、わずかに数日で吹き飛んだ。４月２日、ある大規模調査プロジェクトの延期を決定するオンライン会議。ベテランから若手まで日本全国の経営学者が勢ぞろいしたその会議で、我々は次第に「経営学ができること」があることを確信していった。我々には、企業組織を調査する技術がある。働き方や経営組織の、理論や実態の知見がある。何よりも、経営学とは本来「管理」のための学問だったではないか。感染症時代の経営実態を調べ、産業社会を持続可能なかたちで運営していくための方法を提言する。感染という現象をも、企業経営のなかで「管理」の対象とする。今日の時代のための産業社会、経営組織のかたちを構想するのは、まさに我々が果たさなければならない仕事だと、経営学者としての役割があることを強く認識したのである。

我々は、さっそく行動を起こすことにした。会議からわずかに５日後、４月７日には我々は質問票を完成させ、「新型コロナウィルス感染症への組織対応に関する緊急調査」を実施した。この成果はCOVID-19第一波に見舞われた我々の産業社会がどういう状況にあったのか、困難を乗り越えるすべとして何

が大切なのかに関する、基礎的な知見を提供するものとなった（本書５章・６章）。そしてまた筆者は、経営学の立場から、理論やエビデンスに立脚したかたちで、時代に合わせたYouTubeという配信手段で【感染症時代の経営学】を社会提言していくことにした。これらの研究や発信を、少なからぬ市民の方々にご覧いただく中で、千倉書房の目にも留まり、本書の企画が結実することになったのである。

実際のところ、「経営」とは、利益を上げるというためだけのものではない。緯度・経度という言い方があるように、「経」とは縦の筋を意味する。まっすぐ、あるべき方向への道筋をひくこと、それが「経」。そして、「営」とは、野営だとか設営といった言葉で使われるように、仕組みを整えること、を意味する。あるべき方向を示し、そちらへ向かっていくための仕組みを整えることが、経営である。

それではこの、感染症時代に求められる「経営」とは何か。企業を存続させ、事業を継続していくことがその第一である。社会に価値ある財・サービスを届け、それらを通じて労働の提供者（従業員）・資材や設備の提供者（供給業者）・資金の提供者（株主）・知恵の提供者（経営者）にしかるべき対価を支払う。この仕組みが維持されて、こんにちの社会は成立している。この意味で、感染症時代にあって、莫大な利益は上げることが困難であっても、一定の利益を上げ、事業を継続していくことが、経営の第一目的となる。

そして次には、人命を危機にさらさない、ということが挙げられよう。企業とは、人々のために価値あるものを届け、そのために協力した人々が対価を得る仕組みである。企業というのは、そもそも人の暮らしのためにつくられた仕組みなのである。社会だとか、経済だとか、そのような名前で呼ばれているものも、要するに「人々の暮らし・営み」である。そこに人の幸せがない企業、人命を軽視する企業というのは、存在の根拠がもはやない。一人ひとりが、生命を脅かされることなく、快活に活躍できる状態を達成することが、この感染症時代に求められる企業のあり方なのである。

かくして本書は、万全の感染症対策によって人を守りながら、事業活動を継続していくための方法を学問的に考えることを「感染症時代の経営学」を定義する。利益のためには人命を軽視する論調には、上述の経営とは何かの議論に即して、我々は明確な反対を表明する。それと同時に、我々は事業継続を否定するレベルでの極端な自粛論にも反対する。特定の産業を採り上げ、こんな産業など滅んでしまえばいい、働いている人は失業すればよい、とする考えも間違っている。価値ある財・サービスに支えられ彩られた、人々が快活に、豊かに暮らせる社会を、感染症のなかでも、しっかりと維持していく。それこそが、感染症と戦うということだ。どちらかを追うのではなく、人命の安全と事業の継続の両方を同時に追うことをこそ、本書では追求していきたい。

理論やデータ、あるいは事例を通じて、経営学の知見から本書が基本的に発するメッセージは「予想はつかない。最悪のパターンもありうる。だから、変化に素早く、柔軟に対応するための事前的・事後的な組織能力を育てるべきだ」ということである。本書はこの能力のことをレジリエンス（危機対応能力）と呼びなしている。未知の事柄なのだから、誰も予測がつかない。もし自社で感染が発生しなかったとしても、都市封鎖や経済の冷え込み、あるいは風評被害なども含めてさまざまなことが起こりうる。こうした事業環境にあっては、最悪の事態を含め、可能な限りさまざまなパターンを想定し、何かが起こったときにいち早く対策を実施できることこそが鍵となる。トラブル発生に弱い脆弱な組織、さまざまな前提条件のうえでようやく成立する事業活動では、この時代を生き抜くことは難しくなる。したたかに、我々は生き延びてゆかねばならない。事業をギャンブルにすることなく、どんな場合にも最小限にダメージを抑えるような工夫を、多様に企業のなかに埋め込んでいかねばならない。

本書はそのためのヒントを、さまざまな視点から探っている。トピックは多岐にわたる。リーダーシップ、事前的な対策への投資、事後的な柔軟性、働き方、助け合い、ガバナンス…。諸相を学び、そして、その背後にある一貫したものとして、しなやかで強い「感染症時代の経営論理」を見出してもらえたら、嬉しく思っている。

感染症時代の経営学

目次

目　次

第1章 感染症時代の企業経営を概観する

—経営の原点に立ち返る—

中川功一　*NAKAGAWA Koichi*

1. 管理は知ることから

感染症の時代の企業経営を考えるにあたって、我々はまず何をすべきか。それはもちろん、感染症がどのようなものなのかを知ることからである。対象を知らずして管理はできない。感染症の何が恐ろしく、何を防がなければならないのか、どう防げばよいのか。それを知らなければ、感染症など恐れるに足らんという蛮勇が破滅をもたらしてしまうかもしれないし、逆に過剰な恐怖に身動きが取れなくもなってしまうかもしれない。

ただし、本書は医学書ではないから、新型コロナウイルスの医学的解明には踏み込まない。企業経営の視点から、事業活動の在り方や、働き方に関わる部分を、議論していくことにしよう。

新型コロナウイルス感染症（以下、「COVID-19」）は、2020年８月22日現在で延べ感染者数は世界で2,300万人を超え、報告されている死者数だけでも80万人に達しようとしている（**図表１-１**）[(1)]。単純計算で、死亡率は3.4％程度ということになり、感染した人は30人に１人が亡くなっているということになる。この数字の恐ろしさがあまり肌感覚で分からない人は、身の回りの特定のコミュニティの全員が感染したと想像してみてほしい。…感染を、最小限に食い止めてゆかねばならないことが、お分かりいただけるだろう。

そして、じつはそれ以上に重大な問題となることが、感染爆発を契機とした

図表１－１　世界のCOVID-19累計感染者数・累計死者数

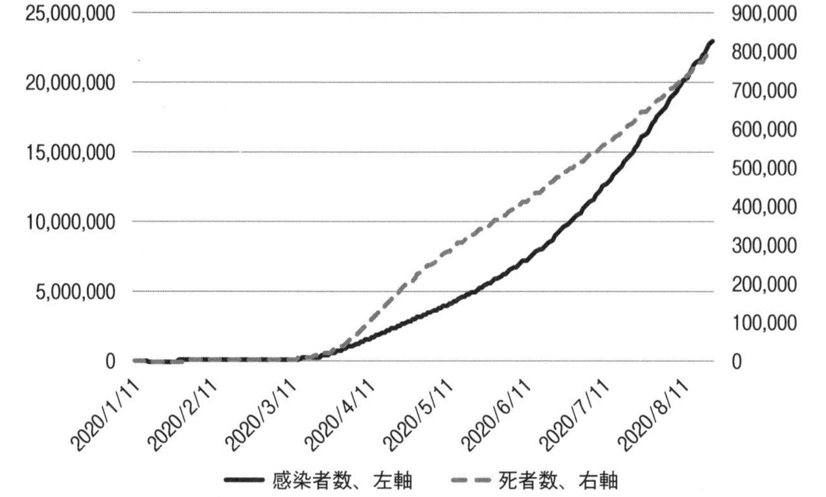

「医療崩壊」である。人類の医療資源は有限である。医学部が大学入学の最難関であることは、世界どこに行っても変わらないし、一人の医者を育てるのに莫大な予算が必要となることも変わらない。医者は、その国・その地域の抜群の秀才に、数年間、莫大な費用をかけてようやく担いうる職業なのだ。コロナが感染爆発したからといって、医療のキャパシティをそれに合わせて同じような勢いで増やすことはできない。短期的に見れば、医療キャパシティは一定だとみるべきである。その国・その地域の医療キャパシティを超えて感染者が増えた時、病院は受け入れたくとも患者を受け入れられなくなる。コロナのみならず、他の疾病や怪我に対しても、である。

あなたが不慮の事故にあってしまったと想像してみてほしい。あるいは、急な腹痛が襲ってきたら。そのとき、もし病院がコロナ患者であふれていれば、受け入れ先がなくなってしまうかもしれないのだ。医療崩壊とは、国・地域として、人間が健康的な生活を送っていくための基本インフラが機能しなくなることを意味する。コロナに限らず、どんな病気や怪我も十分にケアできなくなり、そして、救えるはずの命が救えなくなるわけである。

かくいうわけで、COVID-19そのものも恐ろしいが、感染爆発がもたらす医療崩壊こそが、社会として食い止めるべき状態だということになる。つまり、企業組織と産業社会とを健全に導いていくという経営の観点からすれば、人から人へ急激に広がる「感染」こそ、正しく理解し、事業活動のなかできちんと管理の対象として扱っていかねばならない事象なのである。

2.「人命優先か経済優先か」

感染爆発を防ぎ、医療崩壊を回避し、人の生命と健康を第一にすべきだ。この意見に対して、「人命を優先していては、経済が止まってしまう」（だから感染リスクを冒しながらも経済を回すべきだ）とする意見もあるだろう。だが、筆者は経済学博士をもつ経営学者として、経済学的にも経営学的にもこの意見はナンセンスであることを指摘したい。

その理由は、経済も経営も、そこに生きる人がいてこそのものだからである。「経済」とは、経世済民、世を経《おさ》め民を済《すく》うためのものである。カネやモノが流通するのは、人々が救われる、すなわち幸福に生きるという目的のための手段に過ぎない。人々を救わずして動かす経済というのは、語義矛盾なのである。

一方、「経営」とはどういう言葉かといえば、集団や個人がそれぞれの夢や目的を設定すること「経」、それを実現するための組織や仕組みを整えること「営」を意味するものである（「まえがき」参照）。こちらも、人々が夢や目的を達成することこそが目的で、そのための手段として事業活動がある、という関係にある。人々が夢半ばで死を迎えるリスクを孕みながら事業経営をする、というのも、本来的に許されてはならないものなのである。

どちらの学問においても、根底にある精神は、誰もが夢を持ち、それを追いかけて生きることを可能にすることにある。目的は、人々の快活で豊かな生活。その手段が事業活動（経済と経営）。その意味で、経営学は、まさに今こそ、本来的な意味で活躍せねばならない学問である。人々が感染症の時代に、生命のリスクを回避しながら、目標や夢を追いかけて、精神的・物質的に豊かに暮らせる仕組みをつくること。それが経営の役割であり、それを考察することが

図表１－２　COVID-19累計感染者数と失業率の増加（前年同期との比較）

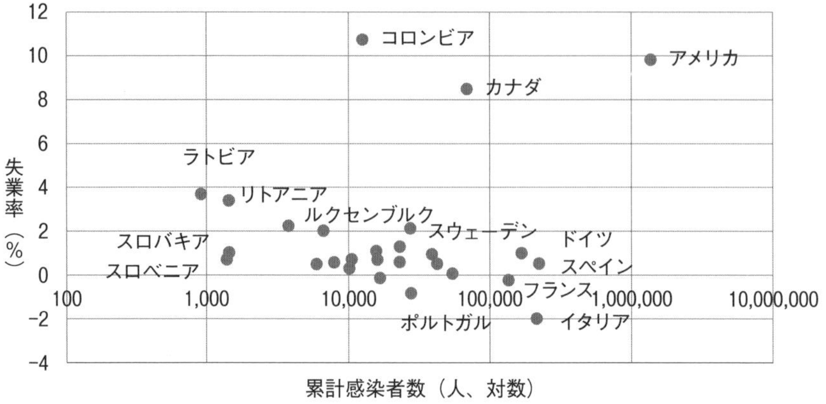

国名	累積死亡者数	20年５月失業率	19年５月失業率	変化	国名	累積死亡者数	20年５月失業率	19年５月失業率	変化
アメリカ	83,819	13.3%	3.6%	9.7%	日本	710	2.9%	2.4%	0.5%
イタリア	31,368	7.8%	10.0%	-2.2%	オーストリア	626	5.4%	4.5%	0.9%
フランス	27,378	8.1%	8.5%	-0.4%	デンマーク	537	5.0%	4.9%	0.1%
スペイン	27,263	14.5%	14.2%	0.3%	コロンビア	509	21.1%	10.4%	10.7%
ベルギー	9,051	5.4%	5.5%	-0.1%	チェコ	293	2.4%	2.0%	0.4%
ドイツ	7,824	3.9%	3.1%	0.8%	フィンランド	287	7.0%	6.7%	0.3%
オランダ	5,590	3.6%	3.3%	0.3%	イスラエル	264	4.2%	3.7%	0.5%
カナダ	5,337	13.7%	5.4%	8.3%	韓国	260	4.5%	4.0%	0.5%
メキシコ	4,220	4.2%	3.5%	0.7%	ルクセンブルク	103	7.7%	5.7%	2.0%
スウェーデン	3,529	8.5%	6.6%	1.9%	スロベニア	103	4.8%	4.3%	0.5%
アイスランド	1,506	4.5%	3.4%	1.1%	オートラリア	98	7.1%	5.2%	1.9%
アイルランド	1,506	5.6%	5.2%	0.4%	リトアニア	54	9.3%	6.1%	3.2%
ポルトガル	1,184	5.5%	6.6%	-1.1%	スロバキア	27	6.5%	5.7%	0.8%
ポーランド	883	3.0%	3.3%	-0.3%	ラトビア	19	9.8%	6.3%	3.5%
					OECD平均	7,655	8.4%	5.4%	3.0%

「感染症時代の経営学」なのである。

また、実際のところ人命を犠牲にすれば景気は良くなるのか、ということに関しても、ここまでの研究は必ずしも明白な答えを出していない。**図表１－２**はOECDに加盟する国のうち、データが利用可能であった28カ国について、2020年５月時点のCOVID-19の累計感染者数と、同時期の失業率が前年同期と比較して何％増加したかの２軸でプロットしたものである。突出した３カ国（アメリカ：累計感染138万人・失業9.7％増、カナダ：７万2,000人・8.3％増、コロンビア：１万3,000人・10.6％増）を除けば、確かに累計感染者数と失業との間には、右肩下がりの関係がありそうである。数万人単位の感染者を出しながらも、それによって数十万人の雇用が維持されるのであれば、その判断も致し方無しともいえるのかもしれない。

だが、昨年比で雇用が明確に好転したのはイタリア（累計感染22万人・失業2.2％減）とポルトガル（２万8,000人・1.1％減）くらいのものであり、感染拡大状況にかかわらず、大半の国で失業が増えているということが、まずここで指摘できる。感染リスクを冒して事業活動を行ったとしても、根本的な需要減には対応できてはいないのである。また、世界最大、断トツの感染者数となっているアメリカが、失業率の増加においても世界有数のOECDでトップクラスとなっていること。**図表１－２**には含まれないが、アメリカに次ぐ累計感染者数となっているブラジルでは、３～５月期で就業人口の8.3％にあたる800万人が失業したと報告されていること。これらを考えると、人命と、いわゆる生産と消費の規模という意味での経済との間に、トレードオフがあるとする明確な結論は出せない(2)。それは、とりもなおさず、あえて感染リスクをひどく高めるようなかたちで経済・経営活動をすべき、明確な理由はないということを意味する。

かくいうわけで、本書は、人命あってこその経済経営である、ということを基本的なスタンスとする。人命を守る、すなわち感染リスクを最小化することを大前提として、財やサービスを生産し、社会と生活を彩り豊かなものとするすべを、本書では議論していきたい。

3. 感染の理論

あるコミュニティのなかで、感染がどのように広がるか。それを的確に表現した数理モデルがある。コミュニティ内の人の状態を、未感染（感染可能性がある人、Susceptible）、感染した人（Infectious）、治癒した人（Recovered）の３

種類に分け、その割合がどう変化するかを記述するモデルであることから、頭文字をとってSIRモデル、と呼ばれる[3]。さまざまな修正バージョンや、異なるアイデアによるまったく別の数理モデルも近年には登場しているが、シンプルでいて本質を掴んでいるこのモデルは、門外漢たる我々がその概要を理解するうえで有用と思われる。なるべく平易な表現で説明してみることにしよう。専門家の方におかれては、あらゆる読者に理解されることを第一義に、学者として許される最低限のレベルまでここで簡素化させていただくことをお許しいただきたい。

〈SIRモデル〉

①式：新規感染者数（ΔI）＝α×未感染者数(S)×感染中の人数（I）

②式：新規治癒者数(ΔR)＝β×感染中の人数（I）

①式は、新規感染がどう起こるかを数式で表現したものである。この①式のポイントは、感染者と未感染者が同じコミュニティに存在しているとき、一定確率αで新規感染が発生する、ということである。何らの感染対策も行わなければ、感染者は毎日何人もの未感染者と接触する。その接触者の何割かが新規感染する。この、「感染者が何人の未感染者に会い、そのうち何人が感染するか」をまとめて、一人の感染者から未感染者に伝染する割合をαと置くわけである。感染対策を実施し、人々の接触を最小限としたならば、このαの値は大幅に低下（それは改善を意味する）することになる。

一方、②式は、医療を受けたり、自然治癒したりすることで、総感染者のなかから一定割合βで治癒済みとなることを意味する。医療体制が整備され、国民が健康的に生きるための生活インフラ（水、食料、電気…）が維持されていれば、少しずつゆっくりだが、人々は治癒されていくことになることを意味する。そして、医療崩壊が起こったり、国内の生活インフラが破壊されたりしたときには、βの値が低下し（こちらは悪化を意味する）、病気が重篤化して死という最期を迎える人の割合が増えてしまうことになる。

このモデル、特に①式に基づけば、1億人強の人口のほとんどが未感染Sであり、かつ何らの感染対策も施さずにαの割合で感染が広がるとするなら、毎日の新規感染者ΔIは、ほぼI：現在の感染者数によって決定されるということになる。Iが増えればΔIも増え、それによってまたIが増え、新規感染ΔIの量も増える…という雪だるま式の増加が、未感染者Sが目に見えて減ってくるまで、際限なく起こり続けることになる。いわゆるパンデミックである。

仮に、感染中の人から未感染者へ、1日あたりおよそ2名に新規伝染するとしよう。ある時点で100人の感染者がいたとして、何が起こるか。翌日には200人、2日目には400人、3日目には800人、そして4日目に1,600人になる。わずかに4日で、ひとケタ感染数が拡大する。さらに続けよう。5日目には3,200人、6日目に6,400、7日目にはついに12,800人に達する。何も対策をしなければ、仮にひとりの感染者から毎日2人にだけ伝染したとして、感染者数100名から、わずかに1週間で1万人を超える規模にまで達してしまうのである。

だからこそ、わずかに100人に見えたとしても、そのタイミングで徹底した感染対策をとらなければいけないのである。このわずかな人数を軽んじたからこそ、世界各国で感染が爆発している。一方、数十人や数百人のタイミングで危機を察知し、そこで徹底対策をとった国・地域は（たとえば第1波発生時の日本、韓国、台湾）、それでもその数十倍程度の感染者を出したうえでも、食い止めることに成功している。「数十人のタイミングで対策をとれば、数千人のうちに食い止められる」、「数百人のうちに対策をとれば、数万人で食い止められる」。感染対策の鍵は、基本的にこの少数を軽んじないことにある。日毎に100人の感染者を数えたところで、緊急事態宣言・外出自粛要請を行った第1波発生時の日本政府の対応は、防疫（感染を防ぐ）という観点からはごく適切であったといえる。

4. 感染症の時代

したがって、もしあなたがこれを読まれている時分には、あなたの住む地域では感染症が猛威を振るっていなかったとしても、治療法と医療体制が確立されていない限り、その平穏は、際どいバランスのうえに成立している脆いものだと考えなければならない。感染というものの性質上、いつ、どこからか、あなたの街には知らぬ間にウイルスが入ってくる。すると、数十人レベルまでは気づかぬうちにあっという間に進行する。爆発的感染・医療崩壊も即座に視界に入ってくる。平穏無事に見えるときでも、感染爆発は常に薄い壁一枚向こうにあるものと考えなければならない。

こうした状況を踏まえるならば、我々は、治療法が確立されるか、あるいはこの地球上からCOVID-19がほぼ消えてなくなるときが来るまで、コロナと共にある時代が続くと考えるべきであろう。本著はこうした、感染症のことを常時考えながら暮らす／経営する時代を指して「感染症の時代」という呼び方をしたい。

これが執筆されている2020年８月現在、我々はまだウイルスの特性を把握し切れてはいない。感染症の流行が、常にそこにあるのか、毎年来るのか、数年に一度か、完全に撲滅されるのかも、未知なのである。その意味では、アフター・コロナやポスト・コロナなど、COVID-19の後の時代を意味する表現は正確ではないし、ウィズ・コロナという、常にCOVID-19が横にあると表現するのも、拙速な判断だと考えられる。感染症の性質や、これからの人類の対応がどうなるかが分からない今、適切と思われる姿勢は、常に感染症の動静を注視し、それを念頭に入れて生活や事業を営んでいくというものであろう。この、生活の中、経済活動の中で常時感染症のことを考える時代という意味で、「アフター」や「ウィズ」といった特定の意味を持つ言葉を避け、我々は「感染症の時代」という表現を用いるのである[(4)]。

このことは、多くの人の生活を預かって、人命と経済の両立を任されることになった今日の企業経営者・事業責任者にこそ強調したい。COVID-19の猛威が収まる、との憶測に拠って経営判断をすることは多大なリスクを伴う。COVID-19に過剰に怯えてばかりもいられない。感染症の動静にきちんと目を配り、それがいかなる脅威であるか、なるべく最新の情報を入れ、しかし積極的に経営のかじ取りもして、物事を動かしていく。それが、責任ある経営の態度であろう。

5. レジリエンス

かくいうわけで、コロナの影響が、いま、あなたの周りでどのように生じていようとも、平時・非常時の両方に備えた事業体制や組織を構築しておかねばならない点が、感染症時代の経営の最大の特徴となる。「来週からまた国家非常事態」、「自社でクラスター感染発生」というような、非常事態がもはや平常であるかのようなとき、平常か非常か、そのどちらかでしか機能しない組織・事業体制では企業経営は成り立たない。事業組織の運営は、常に不測の変化への備えを内包したものへと、本質的に変化する。

危機対応能力。これを経営学の用語で「レジリエンス」(resilience) という。もともとは個人の心理に関して使われていた用語で、失敗したり、何か問題が起こったときに、立ち直れる精神的なタフさや、気持ちの切り替えの力のことを指す[5]。今日では、それを企業組織に応用した「組織」レジリエンスという概念が、危機下における組織的な対応能力を指すものとして注目され始めている[6]。

図表 1 - 3　効率重視の組織とレジリエンス重視の組織の違い

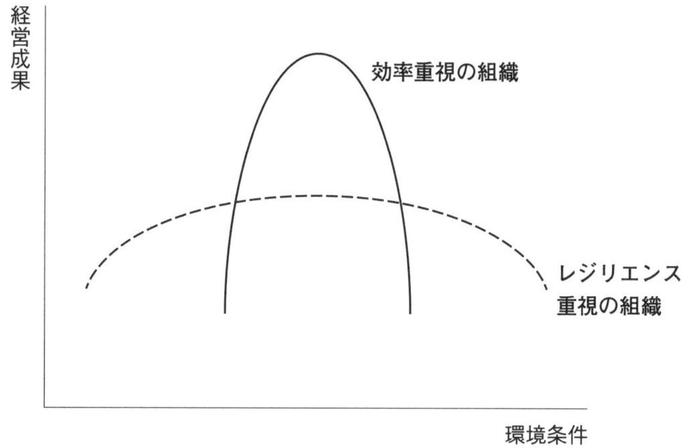

出所：Hannan and Freeman (1977) より著者改訂

我々は、この、個人と組織のレジリエンスこそが、感染症時代の経営における鍵となると考えている。コロナウイルス感染症は、誰が感染するとも、どこでクラスターが発生するとも、いつまた第２波、第３波が訪れるともわからない。そうした状況では、過去と同じようにオペレーションができる、万全の状態で従来どおりに経営ができると考えることはできない。いつ、どう状況が変わるとも判らないなかで、それを織り込んで、事業を変化に強い形に組み替えておくことが求められる。

効率追求の組織と、レジリエンス追求の組織の違いを示したものが**図表１－３**である。縦軸は成果、横軸は何らかの変動する環境条件である。もともとは進化論のなかで使われた図であり、環境によって繁栄する生物種の違いを説明するものであった。たとえば縦軸には「個体数」、横軸には「気温」などを置く。実線で表現される生物種は、特定の気温のときには大いに繁栄するが、気温の変化に弱く、少しでも気温が変化するとまったく生存できなくなる。一方、点線で表現される特徴を有する生物種は、ある気温での爆発的な繁栄は起こらないが、実線の特徴を有する生物種と比べると、より幅広い気温のもとで生存することができる。

このアイデアは早くも1970年代には経営学に導入されている(7)。特定の環境に特化して、その環境下で圧倒的な経営効率をみせる組織（実線）と、特定の環境にジャストフィットしているわけではないが、幅広い環境に適応する組織（点線)。２種類の組織タイプがあるとして、どちらが、どのような時に成功するか？　皆さんはもうお分かりだろう。環境が安定しているならば、その環境に特化して効率性を磨いた企業が優れるが、環境変化が激しいならば、幅広い環境条件の下で機能する組織となる。

コロナという環境激変期に求められるのは、まさにこの点線のタイプになる。付言すれば、今日起こっている環境変化は、コロナだけではない。2020年８月現在発生している黒人人権をめぐるデモや暴動、米中対立など、世界的な動静はもとより、AI革命や働き方改革など、いま目の前でも物事は急速に変化をしている。この激動の時代、さまざまな環境変化に強い組織―レジリエンスの高い組織こそが、求められている。

本書は感染症時代の今を多面的に分析するなかから未来を展望するものであ

るから、必ずしも全編がこのレジリエンスを正面から扱っているわけではない。むしろ、なるべく視座を多様に動かし、さまざまな観点から感染症とどう経営が向き合うかを読み解こうと腐心している。そんななかでも、緩やかながらも全章に一貫したメッセージとして、このレジリエンスという概念を本書の中軸に据えて議論を展開していきたい。

6. 歓喜の歌を

人と人との接触、人から人への感染が脅威となる時代を乗り越えていくうえで、もう1つカギとなるのが、人々が、この困難のなかにあって、どう心を繋ぎ、団結するかである。

感染症が破壊するインフラは、医療キャパシティだけではない。感染症は、我々が暮らすこのコミュニティをも崩壊させる力を持ち得ている。

感染は人の心をむしばむ。他者と会えない、接触できないというのは人間の自然な暮らしぶりではないからだ。本書に採り上げた各種の調査結果でも、リモートで働くことが、多大なストレスとなっていることが明らかになっている。経済活動の停滞、景気の悪化も人心に悪影響を及ぼすだろう。

それだけではない。隣に住む人が感染しているかもしれない、隣県から入ってきたよそ者が感染を拡大させるかもしれない、自分に死の恐怖が迫っている。そうした恐れが、他者への敵意を生む。「自粛警察」というのも話題となった。自分の目から見て感染拡大に良からぬ行動をしている人を見かけたとき、徹底的に非難・攻撃するというものだ。感染した人が、もうその土地で暮らせないほどに、村八分にされたという事例も枚挙にいとまがない。

企業経営が成り立つのは―それはつまり、我々の生活基盤が維持できているのは―、その土台たる社会というものが健全に維持されているからである。企業は、社会から人・モノ・金を預かり、それらを用いて社会のための財やサービスを提供する(8)。社会から資源を得て、社会に必要とされるものを提供して対価を稼いでいる以上、腐敗した社会という基盤のうえには、腐敗した企業しか成立しない。健全な精神をもった人々が集い、互いに助け合って事業を営み、そこから生み出された製品が適正価格で購入される。この何気ないサイクルが成立するのは、健全な助け合いのある社会がそこにあるからである。

コロナ危機とは、生物種としての人類の生存の危機であるだけではなく、人間が人間として暮らしていくための、互いに信頼し合い、敬意をもって支え合っていく、近代社会の危機でもある。人心がすさみ、人々が不可逆的に決裂し、社会が崩壊したときこそが、我々が真に感染症に敗北したときである。

ウイルスへの勝利の日まで、力を合わせて。先述のとおり、経営というものの究極的な目的が、人々の夢や目的の実現のための仕組みをつくることであるならば。何よりもまず、感染症時代の経営として大切なことは、人々が夢や望みをもって暮らすことができ、そのために協力し合える土壌を育むことである。いま、COVID-19のもとで我々が試されているのは、我々の不屈の、気高い人間賛歌の精神である。あなただけが生き残っても、あなたの会社だけが生き残っても、それは経営の達成ではない。この社会として、力強い団結のもとで、ウイルスに勝利をすることが、感染症の経営学の目的なのである。

汝が魔力は再び結び合わせる　時流が強く切り離したものを
すべての人々は兄弟となる　汝の柔らかな翼が留まる所で

ひとりの友の友となるという　大きな成功を勝ち取った者
心優しき妻を得た者は　自身の歓喜の声を合わせよ

そうだ、地球上にただ一人だけでも
心を分かち合う魂があると言える者も　歓呼せよ
そしてそれがどうしてもできなかった者は
この輪から泣く泣く立ち去るがよい。

(ベートーベン　交響曲第９番“歓喜の歌”より)

（1） WHOのデータに基づく（https://covid19.who.int/）。

（2） 2020年7月11日現在、感染防止策がどの程度の経済損失をもたらすのかについて、明確な推定結果を報告した研究はまだ登場していない。

（3） Kermack, W.O. and McKendrick, A.G.(1927). “A Contribution to the mathematical theory of epidemics”. *Proceedings of Royal Society of London.* Series A, 115(772), 700-721.

（4） 本段落での現在の時代をどう定義すべきかについての議論は、東京大学大学院経済学研究科・藤本隆宏教授からのメール・コメントを参考にした。ここに謝意を表したい。

（5） フレッド，ルーサンス・キャロライン，ユセフ＝モーガン・ブルース，アボリオ著、開本浩矢・加納郁也・井川浩輔・高階利徳・厨子直之（2020）『こころの資本』中央経済社。

（6） 広い文脈について、Lengnick-Hall, C.A., Beck, T.E., & Lengnick-Hall, M.L.(2011). Developing a capacity for organizational resilience through strategic human resource management. *Human resource management review,* 21(3), 243-255. など。特に自然災害についての議論は、McManus, S., Seville, E., Vargo, J., & Brunsdon, D.(2008). Facilitated process for improving organizational resilience. Natural Hazards Review, 9(2), 81-90. など。

（7） Hannan, M.T., & Freeman, J.(1977). The population ecology of organizations. *American journal of sociology,* 82(5), 929-964.

（8） 松下幸之助（1968）『道をひらく』PHP研究所。

第 2 章

特別寄稿

—感染症時代における日本企業のサプライチェーンについての一考察—[1]

藤本隆宏 *FUJIMOTO Takahiro*

1.「感染症時代」の産業シナリオ：平時と非常時の繰り返し

2020年半ばの時点では、まだ新型コロナウイルス感染症（以下、「COVID-19」）の実態がよく分かっていないので、今後のいわゆる「感染症時代」（アフター／ポスト／ウィズ・コロナ時代）がどのような状況になるかは、執筆時においては確定的なことは何も言えない。したがって、現時点では正確な将来予測はできず、複数のシナリオで考えるしかない。

天然痘的な展開：ベスト・シナリオなどは無いが、現在の各国の感染爆発抑制の諸方策の効果が出始める一方、かつての天然痘のように有効なワクチンや治療薬が開発され、感染とワクチン予防接種による集団免疫効果により２～３年で感染が終息する、というのが、多くの犠牲を伴うものの、望みうるベターなシナリオであろう。しかしそれでも、過去の大感染の歴史から見て、全く別の感染症のパンデミック（世界的流行）がたとえば十数年に一度ぐらいのペースで起こることは、グローバル化の時代には不可避かもしれない。

インフルエンザ的な展開：仮にインフルエンザのように、COVID-19の変異がかなり急速に起こり続けるなら、ワクチンは毎年更新されるがカバーしきれず、数年ごとに新型のパンデミックが起こるというインフルエンザ的なパターンになるかもしれない。タミフルのような治療薬や有効なワクチンが開発されれば死亡率は低下するかもしれないが、流行そのものは抑えられないだろう。

風邪的な展開：ワーストシナリオは、COVID-19が、風邪より致死率の高い「風邪のようなもの」である場合ではないか。周知のように、風邪は気道入り口の感染症だが、病原体が多様で免疫が効きにくいため、ワクチンも特効薬もなく、薬は症状緩和のみである。仮に、COVID-19が、こうした厄介な風邪的特性を持つとするなら、毎年、年に数カ月はパンデミックが繰り返され、世界中で移動制限や外出禁止が恒常化するという事態も、無いとは言い切れない。

つまり、アフターコロナのシナリオとしては、世界規模の人の移動制限が、十数年程度に一度起こる、もっと頻繁に起こる、あるいは毎年起こる、等々、どれが出現するか分からない状況である。いずれにせよ、どのシナリオかにより、企業の対応、たとえばグローバル生産立地やグローバル・サプライチェーンのあり方は、異なってくるかもしれない。よって、あらゆる可能性に備えた対応策を、今から考えておくことが必要であろう。

2. グローバル競争下の災害対応と能力構築：歴史的な視点から

2.1 サプライチェーンの競争力と頑健性(2)

日本は地震、水害など、大災害の多い国である。その結果、日本の産業のサプライチェーン復旧能力、あるいは災害に対する強さ（supply chain robustness/resilience）は国際的に見ても高い。阪神淡路大震災の時も、東日本大震災のような国内の広域大災害の時も、日本の優良企業の優良国内現場は、迅速な復旧能力を世界に示した。また、1997年のアイシン火災のような局所災害の時も、サプライヤーによる機動的な代替生産ですぐに生産が復旧した(3)。トヨタ自動車は、サプライチェーンの国際競争力（supply chain competitiveness）でも、災害対応力（supply chain robustness/resilience）でも、世界トップクラスであることが知られる[4]。

ただし、これまでは「見える国内災害」(visible domestic disaster) による物理的な設備破壊からの復旧力が中心であり、今回のような、「見えないグローバル災害」(invisible global disaster) への対応は、いわば未知の領域であった。

したがって、日本の優良企業や優良工場は、これまで、災害大国日本の中で蓄積してきた「見える国内災害」に対する危機対応能力を、「見えないグローバル災害」への対応にも活用して、国際的にみても高いサプライチェーンの頑健性 (supply chain robustness) を発揮できるかもしれない。しかも、グローバル競争下において、サプライチェーンの競争力 (supply chain competitiveness) を損なわない形でこれを実現できるかもしれない。

これらを考える際に、常に忘れてはいけないのは、大震災にせよ、疫病大流行にせよ、少なくとも過去30年における大災害は、それがグローバル競争下で起こっていたということである。大災害が起こった時、その猛威に圧倒され、それへの緊急対応に集中するあまり、長期の大局を見失うのは人間の心理として致し方ないが、そうした時にも「グローバル競争は毎日起こっている」ということを、我々は忘れてはいけない。つまり、重要なのは、サプライチェーン競争力とサプライチェーン頑健性のバランス (balance between competitiveness and robustness) である。

たとえば、仮に、「これまではグローバルサプライチェーンを推進してきたが、今後はサプライチェーンを全部ローカル完結に戻し、すべて地産地消にせよ！」と叫ぶ人がいるとすれば、その主張は、この「災害頑健性と国際競争力のバランス」の重要性を良く見ておらず、持続可能な長期的戦略としては疑問と言わざるを得ない。

2.2 大競争と大災害の30年

この問題を考える際には、短期的視野ではなく、歴史観を持った長期的視野が必要である。そこで、過去30年ほどの「ポスト冷戦期」の世界産業進化の歴史を振り返ってみよう。ここでのキーワードは、1990年代にほぼ同時に起こった歴史的偶然、すなわち「グローバル競争」と「デジタル化」である。

すなわち、冷戦終結後の1990年代、日本は、低賃金人口大国たる隣国中国が、東西冷戦終結後、日本の20分の１の低賃金で世界市場に参入してきたため、多くの貿易財産業が、グローバル競争の中で、急激にコスト競争力を失い苦戦した。それに加えて、デジタル情報革命でアーキテクチャ（設計思想）が急速にモジュラー化した日本の家電・エレクトロニクス系産業の多くや、繊維産業などの旧来産業の大部分は、国際競争力を失い、日本国内から中国等に生産拠点が大量移動していき、多くの国内工場が閉鎖された。一方、高性能自動車のように複雑な擦り合わせ型（インテグラル型）のアーキテクチャ（設計思想）を持つ製品群は、日本の輸出産業として、設計の比較優位を維持した。つまり、「設計の比較優位」の強弱により、日本の貿易財産業は明暗が分かれた。

しかし、こうして日本が国際競争力を失ったかに見えた産業であっても、多くの貿易財で中国への生産拠点の移動がかなり一方的に進んだアメリカとは異なり、日本の国内拠点は、地域の一部として生き残る執念を持ち、トヨタ的生産革新などで物的生産性を大幅に（時に数倍に）高め、いわば「戦うマザー工場」として、多くがしぶとく残った。

日本の製造業の国内現場は、このように、競争力を維持する自動車産業や機能性化学品産業などを別にすれば、ほぼ平成期と重なるこの30年間において、デジタル化の波に乗り遅れ、低賃金国との競争にも敗れ、散々であった。しかしながら、平成が終わってみれば、日本のGDP約500兆円の20％強、つまり100兆円強は依然として製造業が占めており、そこには約1,000万人が就業し、しかも少子高齢化の中で、2010年代末においては労働力不足が厳しかった。つまり1,000万人では足りないほどの仕事が、じつは国内外から来ていた。ちなみに、G7国の中で、製造業がGDPの20％以上を占める国は、ドイツと日本だけである。つまり、日本の製造業は、大震災などの自然災害に対してしぶといだけでなく、冷戦終結後のグローバル競争という逆境にもじつは強かった。産業現場の長期動向を良く見ていない多くの論説が見落としている、日本産業の真の実態がそこにある。

2.3　国内工場はかなり動いていた

今回のCOVID-19報道を見ていると、「ホワイトカラーの相当部分はテレワークでよい」、「いや、出勤しないといけない人たちもいるのだ（医療現場、スーパー、飲食店、物流、等々)」という話が良く出てくる。そのとおりであるが、それは、全国の製造業の現場の就業者も同様で、当然ながら、彼らが出勤しないと工場は動かない。しかし、COVID-19感染拡大という極度の逆境の中で、国内工場の多くが動き続けている、という話は、マスコミ報道にほとんど出てこない。工場はこんな時でも動いているのが当たり前という感覚であろうか。しかし当然ながら、この状況で多くの工場が動き続けることは、決して当たり前のことではない(ちなみに2020年4月に、多くの国内自動車工場が操業を一時停止したのは、ほぼ需要不足による生産調整が理由である。これらの工場はCOVID-19感染拡大の直接的影響で動けないのではなく、販売や部品供給が減ったのであえて動かさなかったのである)。

このように、日本の国内製造現場は、冷戦終結後の30年間、厳しいグローバルコスト競争の中で、勝ったというにはほど遠いが、全体としては極度の逆境にも負けなかった、という粘り強さを見せた。「日本の製造業はもうだめだ」という実証的にも論理的にも根拠の薄い論説をときどき見るが、この間の低賃金人口大国・中国他に対する強烈な賃金ハンデ(1990年代の製造現場の新人なら、日本がざっと月額20万円に対し中国は1万円)を考えれば、結局生き残った多くの国内生産現場の粘りは、地味ながら、じつは驚異的でさえある。そして、日本の優良な国内生産現場は、そうした大競争に対する粘り強さだけではなく、阪神淡路大震災や東日本大震災など、この期間に起こった多数の大災害に対しても、粘り強さを発揮したのである。そこで次に、災害とサプライチェーンの頑健性について、基本的な議論をしてみよう。

3.「見える災害」対策の基本形

3.1 「見える災害」と「見えない災害」

今回のCOVID-19感染拡大は、グローバル競争時代に起こった、初めての真にグローバルな災害である(the first truly global disaster in the era of global competition)。したがって、直近の緊急対応は当然のことながら、その先の「アフター／ポストコロナ時代（感染症時代）」の各国の産業競争力、グローバル産業構造、グローバル・サプライチェーンの地理的配置の変化などにも、今から目を向けておく必要がある。

前述のように、日本の貿易財製造業は、確かに平成期（ポスト冷戦期）のグローバル競争で多くが苦戦したが、生き残った製造業（GDPの20％強）は、大災害に対しても大競争に対しても粘り強さがある。中国の賃金が高騰し、疫病で世界中の生産拠点が混乱する中で、日本のこうした「逆境に強い工場群」は、今後の「感染症時代」に国際的な評価を高める可能性さえある。

短期の緊急対応と同時に、長期のしたたかなグローバル競争対応も今から考える必要がある。しかし、地震や水害など、製造設備に物理的損害を与える「見える国内災害（visible & domestic disaster）」には概して鍛えられて強い日本の優良企業（トヨタなど）も、今回のCOVID-19のグローバル感染拡大のような「見えないグローバル災害（invisible & global disaster）」に対する対応力に関しては、未知数の部分が多い。すなわち今回は、第１に、世界中のどの工場が止まるか分からない「グローバル災害（global disaster）」であること、第２に、設備は無事だがウイルス侵入で従業員が出勤できなくなる「見えない災害（invisible disaster）」であることにおいて、これまでの多くの大災害とは様相を異にする。日本の優良製造企業は、この２つの条件下でも、うまく対応できるだろうか。

まず、見える災害（visible disaster）と見えない災害（invisible disaster）の基本的な違いを見ておこう。見える物理的災害の場合は、広域的な大地震・津波・水害であれ、局地的な火災や爆発であれ、自社やサプライヤーの「工場の中」が被災する。対策としては、日頃の予防策に加えて、被災時におけるサプライチェーンの早期の復旧能力（capability of supply chain recovery）がカギを握る。これはさらに、①被災現場の「その場復旧」能力（capability of on the spot recovery）と、②代替生産の能力（capability of substitutive production）の２つからなる。

3.2 「見える災害」への対応

工場が「見える災害」で被災した時の対応策ついては、基本的には以下のように考える[5]。まず、製品であれ部品であれ、被災工場が生産している品目ごとに、期間需要量、在庫量、復旧期間、代替生産準備期間、以上の4項目を緊急調査する。そして「在庫量÷期間需要量＝在庫期間」で在庫期間を把握する。製品によるが、2～3週間ぐらいの製品が多いのではないか。ただし、災害自体によって需要が急増する製品（たとえば医療用品やマスク）では、需要増により在庫期間が急減するので要注意である。

そのうえで、基本的には以下の3択で、国内外のサプライチェーンの頑健性を確保することが考えられる。すなわち、全体として「サプライチェーン復旧期間 ＜ 在庫期間」（供給が止まらないこと）を目標としつつ、①「被災現場復旧期間 ＜ 代替生産準備期間」なら「その場復旧」に全力投入（代替生産はバックアップ）。②「在庫期間 ＜ 被災現場復旧期間」かつ「代替生産準備期間 ＜ 被災現場復旧期間」なら、被災現場復旧まで「一時的な代替生産」を選択。③被災工場の復旧が長期的に困難なら「恒久的な生産地切替」（同企業他拠点優先 → 他企業あるいは内製化の順で検討）。

さらに、災害発生前の事前策を考える必要があるが、良く言われるところの、在庫の積み増しや、生産ラインの恒久的な複数化は、すでに述べた「競争力と頑健性のバランス」原則により、当該製品・工程の競争力の低下を引き起こさない場合にのみ選択されるべきであり、安易にこれに頼るべきではない。基本は、あくまでも災害対応の「能力構築」であり、競争力や組織能力を棄損するような安易な在庫増加や生産ライン分散は避けるべきであると考える。

3.3 生産ラインのバーチャル・デュアル化

したがって、日本の有力企業や優良現場が、こうした現場復旧能力や代替生産能力が高いということを前提にするなら、稼働率低下のリスクのある生産ラインの恒久的な複数化よりも、生産ラインの「バーチャル・デュアル化」、すなわち、設計情報の迅速な移転によって1本の生産ラインに潜在的に2本の機能を持たせることが有効であると筆者は見る[6]。あわてて2本の生産ラインを引いて同一設計製品の生産を分散させても、それで両ラインの稼働率が低下し、生産コストが上がるのであれば、長期的にはグローバル競争に生き残れない恐れがある。重要なのはあくまでも、競争力（competitiveness）と頑健性

(robustness) のバランスである。一方だけを見ていると判断を誤る恐れがある。

以上が、日本企業が従来から組織能力を持ってきた「見える災害」対応の基本形である。では、このような組織能力は、新型COVID-19感染のような「見えないグローバル災害」への対応にも応用できるのだろうか。次にそれを見ていく。

4. COVID-19とサプライチェーンの感染防御力

4.1 「見えない災害」への対応

一般に、「見える災害」と「見えない災害」の大きな違いは、どこが被災しているのかの違いである。「見える災害」では被災するのは工場の中で、対策は中の「復旧」(recovery) だが、ウイルスによる「見えない災害」の場合、被災しているのは工場の外であり、対策は、外の災害から工場の中をいかにして守るか、つまり外に対する「防御」(protection) である。後者は、1つのイメージとしては、「水攻めにあった城の防衛」に近いところがある。すなわち、存続に必要な兵糧は搬入しつつ、外からの感染侵入を防ぎ、かつ、中での感染蔓延を防ぐのである。

近年における「見えない災害」の一例としては、福島原発事故後の原発周辺の工場があるが、放射能の場合、工場内への放射能侵入を防ぐ策はないので、結局、工場は恒久的に閉鎖、つまり落城とならざるを得ない。

一方、COVID-19の場合は、放射能と違って、工場内へのウイルスの自然侵入はないので、①出勤者等の人の出入りと、②資材の搬入を許容しつつ、工場内へのウイルス侵入を完全に防ぐことができれば、法的な工場閉鎖命令などの発動がない限り、工場は稼働を続けることが可能である。

4.2 感染に対する工場の防御力

仮に感染者の出勤という事態が発生した場合は、災害が工場内で発生したことになり、工場閉鎖は不可避で、再開のためには工場内の完全な洗浄消毒とクラスター感染防止対策が必要である。工場内での衛生管理、出勤者間の物理的距離や時差の確保、通勤者数の制限（操業調整や事務系のテレワークなど）などにより、工場内でのクラスター感染のリスクを低減できれば、工場閉鎖期間を短縮することは可能だろう。

これらの防御対策は、**図表2－1**のような、「人ともの と情報の流れ図」として整理することができるだろう。COVID-19の感染が飛沫感染と接触感染によるものとした場合、工場の外部の感染が広がっている状況下で、工場の操業度を高位に維持するには、少なくとも以下の方策が必要である（政府などによる閉鎖命令や外出禁止令が出ていないことが大前提であるが）。

①工場出入口での出退勤者・来訪者の出入管理（感染者の入出構防止）。
②工場内に搬入される資材・食材等の衛生管理（汚染資材等からの接触感染の防止）。
③工場内の衛生管理（手洗い、消毒、その他）。

図表2－1　疫病感染拡大に対する生産拠点の「防御力」－人とものと情報の流れ図－

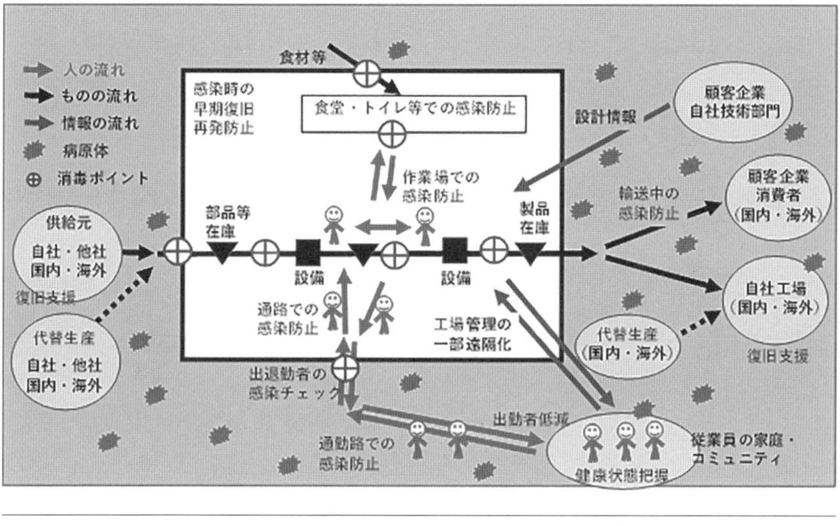

④工場内でのクラスター感染の防止のための物理的距離や時差の確保（手渡しライン中止、コンベア復活、洗浄消毒工程挿入、ライン数増加、一人屋台方式、自動化・無人化、通路の一方通行化、集合朝礼の停止、コミュニケーションの遠隔化、交替制の時間差の拡大、時差入構による始業時の混雑防止、他）。
⑤出勤者数の低減（事務職・技術職等の在宅勤務、操業の計画休止、他）。
⑥通勤退勤時の感染防止（公共交通機関の回避、通勤者ライドシェア等）。
⑦従業員の在宅時の健康状態把握・健康管理支援。
⑧工場から搬出される製品等の衛生管理（汚染製品の出荷防止）。
⑨工場内で感染者が発生した場合の、迅速な洗浄消毒作業などによる早期の工場復旧。
⑩被災した川上・川下の自社工場・サプライヤーの復旧支援。

以上に関する組織能力構築の歴史と現状を考えた場合、日本の優良企業は、従来から評価されてきた物理的災害時の「復旧（recovery）能力」のみならず、こうした、工場外のウイルス感染に対する「防御（protective）能力」も、国際的に見たレベルは相対的に高い可能性がある（これについて、今後データにて要検証である）。

もっとも前述のように、国や自治体から工場閉鎖命令や外出禁止命令が出ている場合は、工場自体の防御能力に関わらず、工場の操業やサプライチェーンの流れは停止する。その点、2020年春の日本では、国や自治体による外出禁止令は出ていなかったので、工場への出勤は可能であり、このため、防御能力の高い国内工場は（2020年4月の国内自動車工場のような需要減による生産調整を別にすれば）基本的に、海外に比べれば動き続けていたとみられる。

4.3 グローバル災害と日本拠点の存在感

仮にそうだとすると、今回のCOVID-19感染拡大のように世界中のどの工場が止まるか分からない「グローバル災害」（global disaster）の場合、各製造企業のグローバル・サプライチェーンの中で、日本の国内工場群が最後まで動いている、あるいは災害終結後に最初に立ちあがる（ramp upする）のは日本の工場である可能性は小さくない。つまり、日本の国内工場は、相対的に高賃金という弱点は依然あるが、生産性・品質・柔軟性等の基礎的現場能力の水準が高い「マザー工場」であるのみならず、「見える災害」に対するサプライチェーン維持力、そしてCOVID-19感染のような「見えない災害」に対するサプライチェーン防御力においても、グローバル・サプライチェーンを牽引していくだけの組織能力を持っている可能性がある。

つまり、日本の優良な国内生産拠点群は、過去および今回の大災害においてその復旧能力や防御能力の高さを示してきた結果として、「感染症時代」における貿易財製造企業のグローバル・サプライチェーン再構築の過程において、その重要性や存在感を増す可能性がある。

5.「感染症時代」のグローバル・ローカル・サプライチェーン：アジアの場合

5.1 アジア・サプライチェーンの三角形

以上の考察を踏まえて、いわゆる感染症時代の国際分業体制再編や、グローバル・サプライチェーン再構築の方向性について、現段階における大筋の予想を立ててみよう。まず、簡単なモデルを示す。

仮にあるグローバルなJ国（日本を想定）企業が、アジア地域において、J国、C国（中国を想定）、A国（アセアンのたとえばベトナムを想定）の３極を含むグローバル・サプライチェーンを構想したとしよう（**図表２－２**）。

Ｊ国工場は、本国工場で、高賃金・高コストだが、高い生産性・品質・迅速性・柔軟性ゆえに、他拠点を指導するマザー工場として30年間苦戦しつつ存続し、今やコスト競争力のある製品も増えつつある。いわば「戦うマザー工場」であり、自国災害時には最も復旧力・代替生産力の高い中核工場であり、また他国災害時にも高い代替生産能力を持つ。

C国工場は、かつては圧倒的な低賃金国でコスト優位を持ったが、2005年以降の５年で２倍ペースの賃金高騰により、Ｊ国との賃金の相対比は、90年代の20対１から、2010年代末には３～５対１に縮小し、輸出拠点としてのコスト競争力は多くの製品で弱体化しつつある。しかし一方で、C国の国内市場は巨大

図表2-2　アフターコロナのサプライチェーン（アジア・平時）

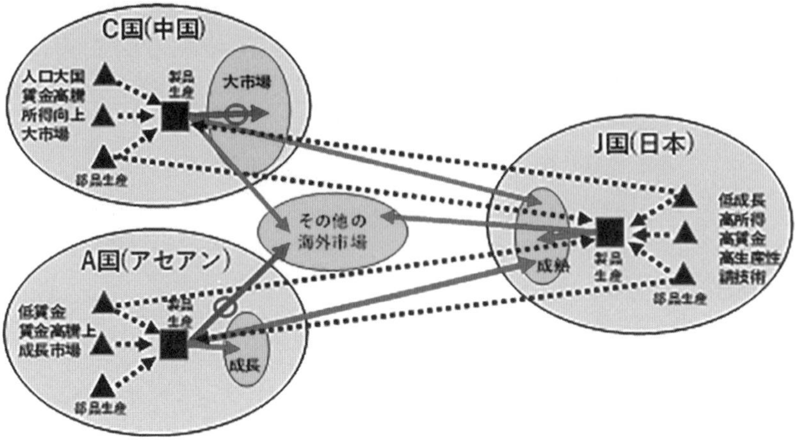

化してきたので、少なくともC国現地市場向けの生産拠点として残す意味はあり、その意味でC国工場の撤退は多くの場合得策ではない。また、C国サプライチェーンは、デジタル化した輸送網の発達などの強みを持つが、政府が緊急時にサプライチェーンを直接統制することがあり、その意味での信頼性は相対的に低いと、日本政府は、過去の経験（かつてのレアアース供給問題、今回のマスク差し押さえ問題など）から見ている可能性が高い。

A国の現地工場は、1980年代以前は同地域の政府の国産化政策に対応した現地市場向け工場が多かったが、1990年代以降、輸出拠点としての重要性も増している。A国経済は長期的には成長しており、製品市場の将来も有望であるが、同時にA国工場は、賃金が（高騰してきたとはいえ）C国より安いので、輸出拠点としてもC国工場に対するコスト優位を持つ可能性が高い。ただ、インフラ整備、国内サプライヤー基盤などの点で、C国より弱い点も多く、A国政府やＪ国企業によるこれらの強化が必要である。

一方、近年賃金が高騰してきたC国の製造企業も、自社の低コスト生産拠点の一部をC国からA国に移してくるだろう。その結果、A国には、相対的に高賃金・高生産性・インテグラル型製品が多いＪ国企業の工場と、相対的に低賃金・低生産性・モジュラー型製品が多いC国企業の工場が併存する可能性が高い。したがって、A国政府は、この両タイプの進出に対応できるように、2タイプの工場誘致政策を用意する必要があるかもしれない。

5.2 サプライチェーンの柔軟性

さて、以上を前提としたうえで、仮に、今回のウイルス感染拡大のように、J、C、Aすべての国の工場が、工場閉鎖命令、外出禁止命令、工場の感染クラスター化、その他の理由で工場閉鎖のリスクを抱える高い不確実性下にあるとしよう。仮に、C国の工場が感染拡大で一時閉鎖になった場合を示すなら、**図表2-3**のようになる。

この状況に適応するサプライチェーンの設計はいろいろあり得るが、経済学や戦略論のロジックや、実際の成功例などから考えると、①J、C、Aすべての地域に生産拠点を展開し、②Jは全体の競争力維持のためのマザー工場、Cは主に現地市場向けの工場、Aはグローバル輸出拠点というように、平時においては国際競争力（competitiveness）重視の布陣とし、③災害などの非常時には、必要に応じて相互の代替生産を迅速に立上げ、サプライチェーンの頑健性

図表2-3　アフターコロナのサプライチェーン（C国非常時の場合）

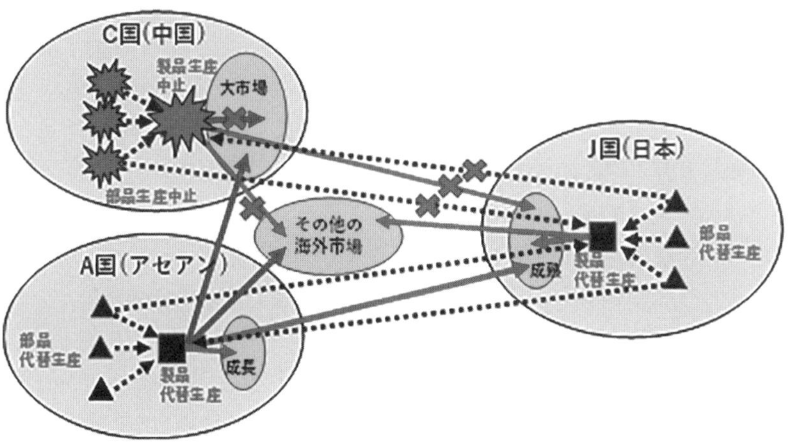

を重視した布陣に切り替える、という伸縮自在な形が、1つの有効なシステムと考えられる。

ここで重要なのは、サプライチェーンの「柔軟性」である。すなわち、1つの陣形のみに固執するのではなく、状況の不測の変化に合わせて、サプライチェーンの切替や伸縮を迅速に行えるように、日頃から、自社やサプライヤーの競争力、復旧能力、代替生産能力、防御力などを鍛えておくことである。

5.3 競争モードと災害モードのスイッチ

今回のCOVID-19感染では、過去約30年、低賃金人口大国たる中国を低コスト生産拠点として大いに活用してきたアメリカにおいて、一転して「兵站戦の長いグローバル・サプライチェーンは脆いので懲りた。これからは地産地消のローカル・サプライチェーンにしよう」といった、極端から極端へ走ろうとする意見が出てきているが、これは、目前のグローバル災害の猛威に圧倒されるあまりグローバル競争の現実を忘れたかのような、バランスを欠いた議論であって、ポストCOVID-19の長期戦略としては賢策とは言えない。

いかなる大災害に遭遇しようとも、それに圧倒されるあまり、無理にローカル・サプライチェーンに縮こまる必要はない。平時においては、①比較優位立地（得意な国で集中生産し相互輸出）、②現地生産立地（主に輸送費の高い製品・部品を各国分散生産）という、生産拠点の国際立地の2大原理をうまくバランスさせて、競争力ベストのサプライチェーンを構築するのが、COVID-19以前も以後も変わらぬ、「グローバル長期全体最適の国際経営」の原則である。

しかし、一旦有事となれば、チーム力を生かす「統合型ものづくり組織能力」が蓄積される傾向のある日本の生産拠点は、一方では被災国拠点の復旧支援や部材供給支援を行いつつ、他方では被災国拠点からの供給枯渇に対して必要に応じ迅速な国内代替生産へ切替を行うなど、自在にサプライチェーンの陣形を変えられる必要がある。そして、そのための企業としての動態能力を、平時から蓄積しておく必要がある。

さらには、日本の国内工場のみならず、前述のJ、C、A各国の全拠点がそれぞれ、平時から、競争力、復旧力、代替生産力、感染防御力などを蓄積し、全体として、大災害にも大競争にも強いサプライチェーンを構築しておく必要がある。そのための組織能力構築の指導の中心は、やはり災害復旧経験の豊富な日本の生産拠点であることが、多くの日本企業において自然である。

こうして、平時には競争力ベストの原則で伸び伸びとしたグローバル・サプライチェーンを動かし、そのうえで、有事の時の対応能力（復旧能力、代替生産能力、防御能力）は平時から鍛え、いざ有事となれば、サプライチェーンの頑健性を重視する布陣に迅速に切り替え、必要ならばローカル・サプライチェーンに迅速にスイッチする。

あるいは逆に、競争力の観点から見て地産地消型のローカル別サプライチェーンがベターと考える産業や企業であれば、平時には競争力ファーストで堅実な各国ローカル完結型を指向し、そのいずれかが被災したら、必要に応じて、代替生産によるサプライチェーングローバル化を選択する、という逆の動きであっても良い。いずれにせよ、こうした伸縮自在なグローバル・ローカル・サプライチェーンを、アジアであれば少なくともJ、C、Aの各国において展開するのが、「感染症時代」のグローバル戦略の１つのあるべき形であろう。

21世紀の今日、事業をグローバルに展開する企業は、大競争と大災害の両方に対して、油断なく対策を打ち続ける必要がある。しかしながら、大災害に懲りるあまりに、日々のグローバル競争の存在を忘れ、国際競争力を犠牲にしてまで、窮屈なローカル・サプライチェーンへと一方的に委縮するのは、羹《あつもの》に懲りて膾《なます》を吹くようなもので、得策とは言えない。また逆に、ローカル完結型のサプライチェーンで競争力を発揮していた企業が、大震災等に遭遇した際に、危険分散というだけの理由で生産ラインの地理的分散を図り、結果として稼働率やコスト競争力を低下させる、というのも望ましい展開ではない。今後も続く大競争・大災害・感染症の時代において重要なのは、平時は競争力、有事は災害対応力を重視しつつ、自在にサプライチェーンの陣容を変化させること、すなわち「サプライチェーン柔軟性（supply chain flexibility）」である。

補論：政府による日本国内拠点・東南アジア拠点強化政策の意味

補論として、上記の概念や枠組を応用しつつ、日本政府による「海外サプライチェーン多元化等支援事業」、「サプライチェーン対策のための国内投資促進事業費補助金」（2020年4月閣議決定）の意味について考えてみよう。

結論を先に言うなら、日本企業の国内生産強化、アセアン生産強化を奨励する政策意図は、日本企業のグローバル全体最適立地に向けて、日本・中国・アセアンのより良い立地バランスの実現を奨励する、という長期的視点から言えば、一定の合理性を持つと評価したい。ただ、これを、COVID-19感染拡大に対する緊急経済対策の中に入れると言うのは、やや便乗予算的との印象もある。

アジア「三角サプライチェーン」のバランス変化： まず、長期的な観点から、今回の政策を考えてみよう。ここで政府が暗に想定している可能性があるのは、前節で分析した、J国（日本想定）、C国（中国想定）、A国（アセアン想定）を構成要素とする、アジア地域におけるグローバル・サプライチェーンの三角形のバランス問題である。そこで、この問題の歴史的経緯と将来展望について簡単に述べる。

まず歴史を振り返ろう。日本企業にとって、1980年代までは、生産の主たる拠点は、当然日本であり、あとは、貿易摩擦対応の欧米現地工場、国産化政策対応の発展途上国現地工場ぐらいであった。しかし、冷戦終結後、1990年代には、中国が圧倒的な低賃金と労働力動員力で世界の工場となり、中国に生産拠点を拡大する日本企業が急速に増えた。

なかには、短期的なコスト観点から、日本にマザー工場を残さず、すべての生産拠点を中国やアジアの低賃金国に出した日本企業やその事業も少なくなかった。しかし、グローバル能力構築の要である国内マザー工場まで閉鎖したことによって、当該企業のサプライチェーン全体が低賃金頼みとなり、現地工場でも生産性向上が鈍化し、長期的にはかえってグローバル戦略全体が行き詰った事例もある。こうして中国など低賃金国に生産を移転し過ぎたと見られる日本企業は少なくない。筆者はこうした企業における本社の短期判断偏重には批判的である。

ところがその後、2005年頃から中国の労働力無制限供給が限界を迎え、5年で約2倍ペースの賃金高騰が始まり、輸出拠点としての中国工場のコスト競争力は徐々に低下に向かった。言い換えれば、中国生産拠点の拡大は必須としても、「ちょっと出すぎ」の感が徐々に高まってきた。

しかし、日本企業が一旦作った多数の中国工場は、さまざまな理由で簡単には撤退しないしできないので、多くの日本企業は、グローバル全体最適経営の観点から見ると、中国生産への依存度がいまや過大である可能性がある。これは、多分に、歴史的な経路依存性からくる、グローバル戦略選択の不可逆性の問題である。

一方、アセアン諸国は、中国に比べ低賃金の国が多く（たとえばベトナムは約半分)、また現場力やインフラの水準も徐々に上がっているので、日本企業の主力輸出拠点としては好適地となりつつある。そもそも中国企業自体がアセアンに生産拠点を移す時代である。

以上をまとめるなら、前述のような、日本製造業の過去30年におよぶグローバル競争の歴史的・経路依存的・累積的な結果として、多くの日本企業のアジア生産展開の現状が、今のあるべき最適形と比べて、「中国過大、日本過小、アセアン過小」となっている可能性はある。

日本国内拠点の意味：実際に、そのような方向性でグローバル・サプライチェーンの修正を行っている日本の有力企業はすでにある。日本の有力エレクトロニクス機器企業であるO社のヘルスケア事業は、主力製品が日本が設計の比較優位を持たない典型的なモジュラー型の小型機器であったため、1990年代に、中国工場に生産移管し、国内工場は事実上閉鎖となった。この中国工場は能力構築も進め、概して優秀な工場であったが、中国の賃金高騰で輸出拠点としては厳しくなってきたので、より低賃金のアセアン某国に主力輸出拠点を意識した新工場を建てた。しかし、生産拠点が中国とアセアンの２極だけというのは、いろいろな意味で不安定との社内の議論が強まり、結局、閉鎖同然であった国内工場を復活させた。小規模ながら柔軟性の高い国内工場がマザー工場として復活したことで、日本・中国・アセアンの３極体制が確立し、より安定的なグローバル生産体制ができたと、同社内では概して高評価である。このように「国内強化・アセアン強化」というグローバル戦略修正は、政府の今回の政策よりずっと前に、一部の有力企業の独自判断で進んでいたのである。

このように、日本製造業のグローバル立地体制やサプライチェーンを長期的視点から是正し、日本拠点（多くはマザー工場）、中国拠点（過去の主力輸出拠点）、アセアン拠点（現在の有力輸出拠点）のより良いバランスの実現へ誘導するという、2020年４月策定の２政策の方向性は、日本の有力企業の戦略的方向性とも矛盾しない。

つまり、日本政府が、日本企業の国内生産立地強化の奨励（サプライチェーン対策のための国内投資促進事業費補助金）や、アセアンにおける更なる生産拠点強化の奨励（海外サプライチェーン多元化等支援事業）を行うことは、日本企業自体の「長期グローバル最適経営」の方向性と合致している。その意味で、今回示された政策は、産業政策の長期的な方向性としては妥当だと筆者は考える。これにより、よりバランスの良い「JCAの三角形」が形成されれば、それは2020年代の日本企業のあるべき方向性と合致すると思われる。

合理的な便乗予算：ただし、COVID-19感染拡大に対する緊急経済対策という短期勝負の政策パッケージの中に、これらの国内・アセアン立地強化の奨励策政策を潜入させたのは、いかがなものか。第一印象としては、便乗予算との印象が強く、唐突感はぬぐえない。

今回の政策発案の意図や理由付けは承知していないが、COVID-19感染拡大に対する緊急対策がその理由だと言うのは、いささか説明が苦しいと思われる。仮にたとえば、「今回、マスクやその不織布や防護服の中国生産依存が過剰であり、国内での深刻な供給不足があったので、これに懲りて、中国生産依存度を減らし、国内生産や他の輸出拠点好適国（アセアン）での生産を奨励する」というのが２政策の策定理由だとすると、それは、企業や産業の長期戦略であるべき、「グローバル生産立地やサプライチェーンの構築と修正を支援する」という本来の産業政策の在り方からは、ややかけ離れている。

まとめるならば、長期的な日本産業のグローバル競争や日本企業のグローバル戦略の歴史的・累積的結果として、多くの日本企業のアジア生産展開の現状が、今のグローバル全体最適のあるべき姿と比べて、「中国過大、日本過小、アセアン過小」となっている可能性は高い。その意味では、日本企業の国内生産およびアセアン生産強化を奨励する前掲の２つの補助金は、長期的な産業政策としては妥当性があると筆者は考える。

しかし、それを、COVID-19感染拡大に対する緊急経済対策に滑り込ませるのは、やはり唐突感があり、便乗予算との印象はぬぐえない。「助成金の政策意図は良く理解できるけれど、出し方がちょっと変だ」という印象である。とはいえ、このような「合理的な政策による便乗予算の利用」は、政府の予算編成において少なからず見られる現象のようであり、個人的には、官僚組織による許容範囲のテクニックの１つと言えるのかもしれない。

（1） 本章は、藤本隆宏（2020）「アフターコロナ時代における日本企業のサプライチェーンについての一考察」，東京大学ディスカッションペーパー（MMRC Discussion Paper Series），No.530，2020年５月を加筆修正したものである。

（2） 本章では、サプライチェーンの頑強性（robustness）と危機対応力（resilience）は基本的に同義と考える。東日本大震災のように物理的破壊を伴う「見える災害」の場合にはニュアンス的にrobustnessを選択するが、感染症拡大など「見えない惨害」を含む広義の災害の場合にはresilienceがより適当であろう。いずれにせよ本章では同義とする。

（3） Nishiguchi, T. and Beaudet, A.（1998）The Toyota group and the Aisin fire. *MIT Sloan Management Review,* 40(1), 49-59.

（4） Fujimoto, T. and D.A. Heller（ed.）(2018) Industries and Disasters: Building Robust and Competitive Supply Chains. Hauppauge, NY: Nova Science Publishers, Chap.8 参照。

（5） Fujimoto, T. and Park, Y.W.（2014）Balancing supply chain competitiveness and robustness through "virtual dual sourcing": Lessens from the great east Japan earthquake. *International Journal of Production Economics,* 147, 429-436.

（6） 藤本隆宏（2012）「サプライチェーンの"バーチャル・デュアル化"：頑健性と競争力の両立に向けて」『組織科学』，45(4)，25-35. およびFujimoto and Park（2014）前掲書。

第3章 感染対策としての経営管理論

―感染対策をどう経営に組み込むか―

中川功一 *NAKAGAWA Koichi*

1. 組織事故研究を紐解き、感染対策を考える

本章は、企業経営に感染対策をどう組み込んでいくべきか、その概論を展開してみたい。言わば、ここから先の章の、おおよその見取り図を用意するのが本章の役割である。

それにあたり、本章が参照するのは、組織事故を扱った研究である。そこでは、（1）災害の原因究明やその際の対処と、（2）災害を防ぐための組織づくり、の2つが目的とされ、研究が深められてきた[(1)]。その知見は、組織に感染対策を組み込むうえでも有用だと考えられるのである。すなわち、（1）の研究からは、新型コロナウイルス感染症（以下、「COVID-19」）の感染源の特定や、感染発生時の対応へのヒントが、（2）の研究からは、感染を極力防ぐための組織づくりへのヒントが得られると考えられるのである。過去の研究のレビューをしながら、感染対策に何が必要とされるのかを議論してみることにしよう。

ただし、ここで読者諸氏に注意を促したいのは、我々は感染を「ミス」や「失敗」とみなしてはいないということである。先んじて言えば、組織事故の研究自体が、そもそも決して個人を責めたり、組織を糾弾するためのものではない。たとえそれが人為ミスであったとしても、ごく純粋に科学的な見地から、以後の再発防止や被害軽微化のために、問題を究明し、よりよい組織・システ

ムを創るというのが組織事故研究の精神である。我々もここでその精神は遵守したい。すなわち、我々はあくまでCOVID-19への感染は、偶発的に、どれだけ慎重にケアしていても致し方なく起こってしまうものとして捉える。決して感染者を糾弾するわけではなく、感染発生という事象そのものを非難する意図はことさらに持たない。純粋に、感染発生時にどう対応すればよいか、そしてまた感染を防ぐためにはどうしたらよいかを検討するために、組織事故研究を紐解いてみたい。

2.「感染は起こるもの」とみる

組織事故の研究の基本的立場は「事故は必ず起こる」である。どんな仕組みを用意しても、どれだけ誠実に注意深く作業していても、人間である限りは、失敗は起こるとみるのである。だからこそ、組織やシステムを設計するときには、事故が起こることを想定しておくことが大切になる。組織内のどんな場所であっても、絶対に安全だとは過信せず、なるべくすべての場所で事故が起こるものと想定して、事故対応をデザインしておくべきだと考えるのである。スリーマイル島原子力発電所事故の問題究明を行い、その成果を組織事故研究の嚆矢《こうし》と位置付けられるペローは、この点を強調して、組織事故が起こるのは非常時なのではなく、ノーマル・アクシデント（normal accidents）：日常に隣り合わせに事故はあると考えるべきとしている(2)。

組織事故が常に、どこであっても起こりうるものという立場からは、事故対応としては、事故発生場所をなるべく速やかに特定でき、影響を最小限にできるような組織としておくことが求められる。影響が全体に及んでは、事故の被害は甚大になる。組織が壊滅するばかりか、社会にも大きなダメージを与えてしまうかもしれない。事故が起こった部分だけを取り出して、そこだけを個別に分離・停止可能にすることが大切なのである。この考え方は、危険物を扱う大型プラントなどでは、今日ではすべからく導入されている。

この基本的な議論は、COVID-19環境下の経営に、おおむねそのまま適用できるだろう。COVID-19への感染は、いつ誰に起こるともわからない。特定部

図表3－1　「起こること」を想定した感染対策

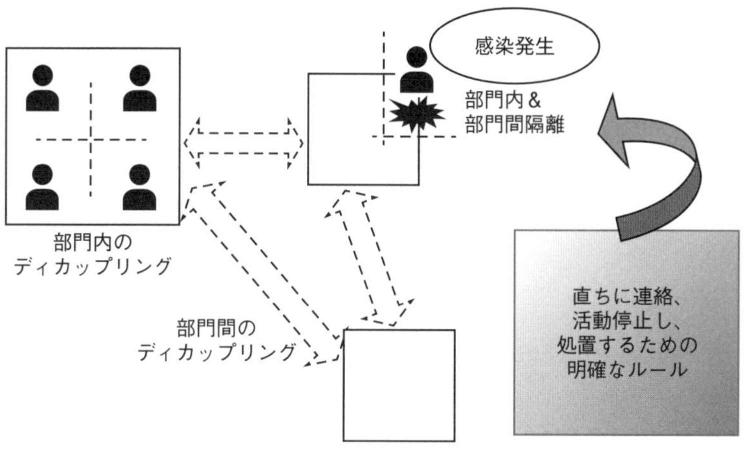

位だけではなく、組織全体について、バックアップや余裕を持っておくことが必要になる。そして、感染が起こったならば、直ちに該当の部門・人員の活動を停止し、治療と感染対策にしかるべき処置ができるように、準備をしておかなければならない（**図表3－1**）。

ここで大切になる発想が「ディカップリング」である[3]。ディ-カップリング＝連結（カップリング）を外す、とはつまり、業務における部門や個人間の結合関係を弱めることを意味する。組織のある場所で問題が起きたとき、他の部門が連結されたままならその問題の影響が他所にも波及してしまう。しかし、連結を緩めておき、問題が起きたらその部門を結合関係から切り離すことができるならば、ある場所で起こった問題は他の場所に影響を及ぼさない。

たとえば、A・B・Cの３つの工程が、コンベアで緊密に連結されて流れていたとする。このとき、A工程でトラブルが起きれば、B工程・C工程も停止せざるを得ない（**図表3－2a**）。これに対し、A工程とB工程の間に一定量の安全在庫（バッファ）を持てば、A工程が停止していてもB工程から先は動いていくことができる（**図表3－2b**）。

あるいは、A1工程、A2工程と、問題が起こりやすい場所を２系統にする方

図表 3-2a　「起こること」を想定した感染対策

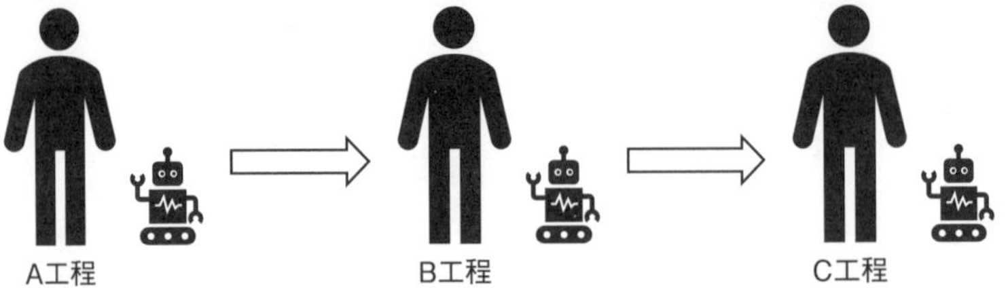

図表 3-2b　バッファによるディカップリング

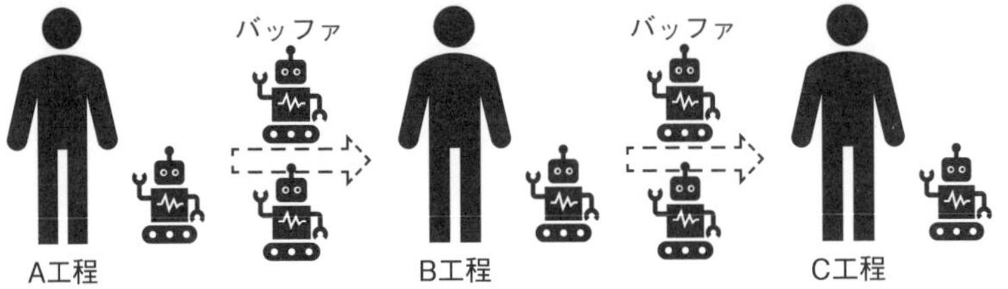

図表 3-2c　複数系統化によるディカップリング

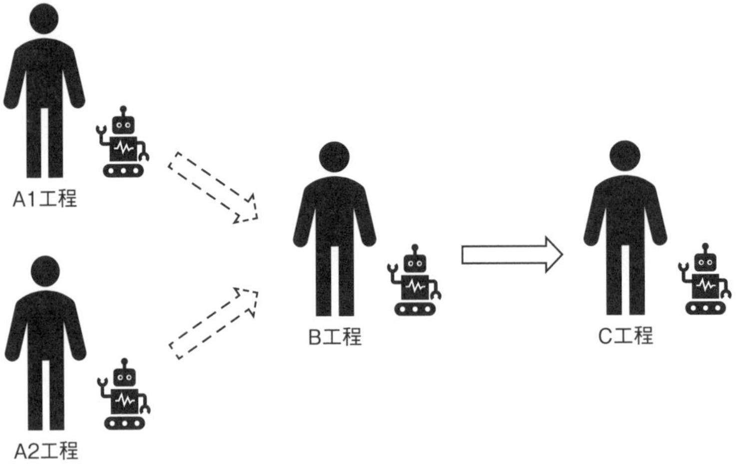

法もある（**図表 3-2c**）。A1工程が止まっても、A2工程が動いていれば、生産量は落ちるものの影響は軽微になる。A2の存在により、A1とBとの間の連結度合いが下がっているのである。

これら安全在庫や複数系統保持といった、他部門への影響を回避するための施策は総じて経営管理／安全管理分野で冗長性（リダンダンシー：redundancy）と呼ばれる。コストや生産効率の面から見れば「冗長」であるものが、2つの工程の間をディカップリングしていることになる。冗長さを省いて効率化をしていくと、その研ぎ澄まされたシステムは、安定性の観点からは脆くなっていくという、効率と安定の基本的なトレードオフ関係がそこに存在しているといえる。

COVID-19の感染を想定すれば、この話は非常に分かりやすいだろう。各部門が緊密に紐づけられていれば、どこかの部門の誰かが感染したならば、関連する全部門が影響を受けてしまう。これに対し、まず部門内では、テレワーク等を実施するなどして人と人との接触頻度を下げるなど「個人間の物理的・業務的ディカップリング」を行えば、業務のスピードなどを少し犠牲にはするものの、その部門内で誰かが感染したとしても、その人が接触のあった一部の人だけを隔離・経過観察とすれば、他の人は業務を継続できる。次に部門間でも、他部門との接触頻度を下げ、安全在庫や業務フロー上の余裕をもつなど「部門間の物理的・業務的ディカップリング」が為されれば、やはり冗長さがコスト増をもたらす側面はあれども、ある部門が感染等で停止したとして、他の部門では業務を継続していけるようになるのである。社内での感染拡大を防ぐ意味でも、業務面での影響を最小化する意味でも、個人や部門の間のディカップリングを行うことが、「いつかどこかで必ず起こる」感染への基本対応策ということになる。

ただし、この複系統化やバッファを挟むといった発想が、企業競争力にマイナスの影響を及ぼすのは、前章で議論したとおりである。前章の「バーチャル・デュアル化」の試論にもあったように、この効率性と安定性の基本的なトレードオフ関係を理解したうえで、いかにして両立が可能となるかを模索していくのが、今日の経営の基本的な姿勢となっていくだろう。この点については後段で、いま一歩議論を深めてみたい。

3. そのうえで、感染を極力防ぐためには

感染は必ず起こるとの前提で、その時のための対策をしたうえで、我々は次に最大限の感染防止対策を組織に組み込まなければならない。

じつはこの「まず発生時のための対策、次には発生させないための対策」は、ちょうど安全管理をめぐる学問の発展系譜と一致する。組織事故の研究は、先述のペローの「ノーマル・アクシデント」による事故は必ず起こるという消極的な見解にはじまり、そこから初期発展していくことになる。だが、それに反発するようにして、続く1980年代後半からは、人の力、管理の力で絶対に事故を起こさせないようにするのだという積極的な姿勢で、極限まで事故のリスクを抑え込んだ組織、すなわち「高信頼性組織」の確立のための研究がはじまるのである(4)。

高信頼性組織の研究では、１つ１つの事故防止策には抜け漏れが必ずあると考える。100％信頼できる防止策はない。しかし、１つの防止策が90％の力しかもたないとしても、それが２つ組み合わされれば、事故の発生確率は理論上１％となる（第１防止策の抜け漏れの発生確率10％×第２防止策の抜け漏れ確率10％＝事故発生率１％）。さらにもう１つ防止策を設定すれば、同様の計算により発生確率は0.1％にまで縮減できる。このように、不完全でもよいから何層にもわたって防止策を組織に組み込むことで、信頼性を極限まで高めようというのが高信頼性組織のアプローチである。

高信頼性組織ではとくに、実務での利用性から、現場の作業のレベル、組織としての管理システムのレベル、最後に組織文化の３つのレベルで、幾重にも防止策を織り込んで、組織の防災能力を高めていく（**図表３－３**）。

第１のレベル、現場の作業においては、漫然と作業をすることなく、意識を活性化させた状態で、注意深くあること（マインド・フルネス）が強調される(5)。いま、自分を取り巻いている状態はどういう状態なのか、自分なりの感受性で状況を意味付け、認識することによって、未然の問題察知能力を高めるのである。なお、マインド・フルネスの研究においては、個人個人が異なる状況解釈をもつことをむしろ奨励する。多様な視点が提供されることにより、問題発見

図表3-3　「起こさない」ための感染対策

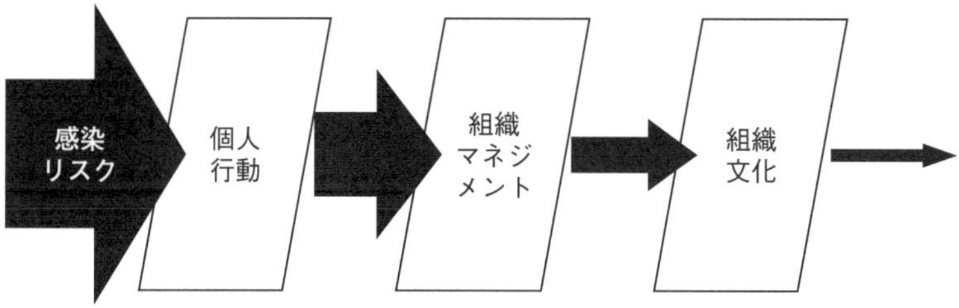

の視点を豊かに持つことができるからである(6)。

第2は組織のマネジメント・システムのレベルである。教育、管理、賞罰などを通じて、メンバーの行動を適切に制御するのである。たとえば、安全に関する教育訓練や、ヒヤリ・ハットの情報共有、事故防止への取り組みへの適切な報酬制度の設計、内部統制の仕組みなど、多岐にわたる防止手段がここでは考えられうる。要するに、組織の各職能、職層のレベルで可能な防災への工夫を織りあわせていくことで、組織の信頼性を高めていくのである。

しかし、これら組織のハード面がどれだけ堅牢に作られていても、人心に緩みが出たり、そうしたハード的な防止策を迂回したり、実施しなかったりするといった行為が蔓延してしまう。

この意味で、事故防止のための第3のレベルとして、組織文化が重要となってくる。防災意識の高さはもちろん、誠実・正直であること（問題発生源の特定を早めることに役立つ）や、進取的に学習する文化(7)があることが有効であるほか、ここで再び、皆がマインド・フルであることをよしとすることも強調される。

以上の議論は、COVID-19感染防止においても重要な示唆を与えてくれる。感染防止には、まず現場での一人ひとりのマインド・フルな感染対策活動が基盤となる。そのうえに、組織として幾重にも張り巡らせた、教育・管理・報酬といった管理システムによっていっそうの堅牢さを構築する。最後に、感染対策に向けて組織全体として文化を醸成していくことによって、感染に強い組織を構築していくのである。

4．感染対策と競争力構築を両立する

その後の研究の中では、１つ興味深い関係が報告されている。組織事故の防止や対策に積極的であるほどに、じつは組織としての目標達成や経済的パフォーマンスが高まっているとする結果が、場を変え時を変えても、たびたび観察されたのである(8)。

これは、製造現場に携わる仕事をしている人であれば、あながち驚きはない結果かもしれない。前章でもみたように、強い製造現場においては、安全管理や事故対策、そして問題発生時のBCPも、コストダウンや生産効率改善などとともに同列に解決すべきテーマとして設定され、よく知恵を割いて準備がされているのが一般的だからである。効率だけは高いが安全管理ができていない、あるいはその逆というケースを見かけることはあまりない。

さらに、これは製造現場に限った話ではない。皆さんの身の回りの、目標達成能力の高い職場や企業、あるいはプロスポーツチームなどを思い出してみてほしい。そうした職場・企業やチームが、トラブルが発生したにもかかわらず、すばやい対応をみせて状態をうまく立て直した、ということを皆さんも目にしたことがあるのではないだろうか。

その理由はいくつか挙げられる。第一には、従業員が漫然と働かず、進取的で、マインド・フルであるということは、彼らが学習し成長するための土壌ができ上がっているということを意味するためである。日々、現場で多くの気づきを得て、失敗から学ぼう、危険を察知しようとしていれば、安全以外の非効率や職場の問題にも気が付くようになる。問題発見的な視座が定着することで、現場からの改善が安全以外のことにもよく機能するようになるのである。

第二には、安全なオペレーションが遵守でき、事故発生時の対応も訓練されているということは、職場の規律の高さを意味するからである。現場レベルまでよく教育訓練が行き届いていなければ高信頼な組織はつくれない。そして、安全やBCPのことまでしっかり教育訓練がされているということは、日々のオペレーションや連絡体制については言わずもがな、よく教育訓練が施されているのが一般的であるからである。職場の訓練度が如実にでるのが事故発生時で

ある、と言ってもよいかもしれない。
そして第三には、事故が少なく、また事故対策もできているなら、自然、安定した事業活動を行うことができ、計画目標が達成されやすくなるからである。深刻な事故が発生して事業が停止することが、目標達成には最も避けるべき事態である。かくして、日ごろのパフォーマンスの高い職場は、往々にして災害にも強い職場である場合が多くなるのである。
以上の話は感染症の時代にこそ強調されるべき点である。感染症対策に組織一丸となり、トップから現場まで取り組める企業は、皆が今起こっている問題から目を背けず、どうあるべきなのか解決案を考え、実践することができる土壌が整っていることを意味する。一方で、こうした取り組みがないがしろにされる企業では、個々人の意識の低さか、問題を皆で相談する場か、対策を実践するための手続きか、組織のどこかに問題を抱えている可能性がある。
ひるがえって、感染症への対策を施していくことは、組織メンバーに職場や仕事のあるべき姿を見つめさせ、上下左右のコミュニケーションを回復し、待ったなしの改革を実行に移していくための、重要なきっかけである。感染症の問題を自己責任にしたり、見て見ぬふりをしていては、組織メンバー一人ひとりの進取性やマインド・フルネスが失われ、組織の大切な問題や日々起こるさまざまな課題が見過ごされるようになっていくかもしれない。規律が緩み、少しずつ職務のパフォーマンスを悪化させてゆくかもしれない。そして感染症や、それに関連する風評被害など何らかのトラブルが発生した時には、なす術もなく手痛い経済的打撃を受けざるを得なくなってしまうかもしれない。
組織として大切な問題として感染症を正面から捉え、対策に取り組んでいく。それは、デジタル・トランスフォーメーションや働き方改革、従業員のエンゲージメントにも繋がってくるだろう。感染症の防止と発生時対応をよく練り込んでいくことは、会社の守りを固めるためのもののようでいて、むしろ、組織のオペレーション能力やマネジメントの能力を高めていくための、積極的な状況打開・変革達成手段だといえるかもしれない。
いずれにせよ、ここで強調したいことは、事故防止や発生時対策のための投資は、短期的にはそれ自体は（別の投資に回された場合と比較すれば）直接的な費用対効果や効率性向上を犠牲にするものであるかもしれないが、上述の組織への効果を考え、それを施策に練り込めれば、中長期的には目標達成・経済価値の実現にプラスの効果を持ち得るということである。競争力とレジリエンスは、組織能力の向上を介して、同時追求が可能なターゲットなのである。

5. 小括

以上、経営管理・安全管理の分野の既存研究をざっと概観しながら、企業経営にどう感染対策を導入すべきか、その概論を展開してきた。まとめるならば、1）「感染は避けがたいもの」との認識に立ち、感染発生時の対策を競争力との両にらみのうえで進めること、そのうえで2）最大限の防止策を、現場の一人ひとり、組織のマネジメント・システム、組織文化の3レベルで導入していくべき、ということになるだろう。

いずれのアイデアにも共通しているのは、それは結局のところ、マネジメントと現場の双方が、感染対策と企業競争力の両立が可能となる形を構築し、それができるだけの実力をつけていくほかはない、ということである。あるべき姿を構想し、現場を観察し、考え、行動し、検証して是正する。そうした取り組みが継続される中から、感染を回避しながら円滑・強靭なオペレーションを行っていくという、感染症時代のための組織が組みあがってくるのである。

本章の役割はあくまで概論を準備することであり、その後の各論者による豊潤な議論のための土台を提供することであるから、あまり深追いはせずに本章はここで終わることにしよう。読者諸氏には、さっそく次章から具体的な企業事例やデータに触れ、感染症時代の経済経営の実態をつかみ、自分なりの状況理解を構築してもらいたい。それを経て、読者諸氏は改めて本章の議論が実際的にどう応用されるのか、現実と紐づけて理解を深めてもらいたい。

また同時に、次章以降はさらに多様な理論を、分析のために導入していくことにもなる。本書はあえて一貫した視点で議論に筋を通すことをせず、多面的な視座からこの感染症時代という複雑な事象の理解を深めてもらいたいと考えている。学者たちの多様性を、ぜひ皆さんの頭のなかに再現し、COVID-19のもとでの企業経営について豊かな知見を育ててもらいたいと願っている。

（1） 組織事故に関する研究のレビューとして、藤川なつこ（2015）「高信頼性組織の理論的展開―ノーマル・アクシデント理論と高信頼性理論の統合の可能性―」『組織科学』, 48(3), 5-17. が参考になる。同論文はオープンアクセスとなっているのでぜひ参照されたい。

（2） Perrow, C. (1984) *Normal accidents: Living with high-risk technologies.* Princeton, NJ: Princeton University Press.

（3） Simon, H.A. (2019) *The sciences of the artificial.* MIT press.

（4） Roberts, K.H. (1989) New challenges in organizational research: High reliability organizations. *Organization & Environment,* 3(2), 111-126.

（5） マインド・フルネス（mindfulness）とは、いまこの瞬間に注目・集中することである。近年では東洋思想と結びついて、瞑想などの方法を指し、仕事の集中力を高めることを目的に実践される。安全管理の分野においては、語源どおりの意味に立ち返り、現在の状況に対して意識をはっきりと覚醒させている状態を指して用いられる。

（6） Weick, K.E. (1987) Organizational culture as a source of high reliability. *California Management Review,* 29(2), 112-127.

（7） 進取性（proactiveness）について、本書第7章を参考にされたい。

（8） Keith, N., and Frese, M. (2011) Enhancing firm performance and innovativeness through error management culture. *Handbook of Organizational Culture and Climate,* 9, 137-157. Van Dyck, C., Frese, M., Baer, M., and Sonnentag, S. (2005) Organizational error management culture and its impact on performance: a two-study replication. *Journal of Applied Psychology,* 90(6), 1228-1240.

第4章 企業事例に学ぶ
—感染症時代の新たな働き方 VSN社の事例から(1)—

寺村絵里子 *TERAMURA Eriko*
今川智美 *IMAGAWA Tomomi*
安藤史江 *ANDO Fumie*

1. はじめに

本章は、新型コロナウイルス感染症（以下、「COVID-19」）という急激な環境変化に対し、変革を試み定着させた実際の企業事例を紹介することを通じて、感染症時代の経営について具体的なイメージを構築してもらうことを目的とする。特に、社員を対象としたテレワーク(2)定着を可能とした要因をここで焦点とし、聞き取り調査に基づいて議論したい。

2020年に突如起こったCOVID-19の危機は、これまで見てきたように企業に急激な変革を迫ることとなった。最も企業が迅速に行うべきことの1つが、緊急事態宣言発令に伴う社員の安全確保であり、テレワーク導入であった。

今回、ケーススタディとして用いるのは主にエンジニア派遣を専門とする株式会社VSNである。同社はエンジニアリング企業であり、比較的この変化に対応しやすい業種であったとはいえ、社員の多くは顧客先に常駐するスタイルをとっており、テレワークへの適応は簡単ではなかったと推察される。また、指示命令系統をはじめとした組織のあり方の変革がいかになされたのか、という点も興味深い。

Bayley and Kurland（2002）のレビューによれば、テレワークは男性の専門職、女性の事務職において多く導入されており、通勤時間の短縮や仕事と家庭の調和（ワーク・ライフ・バランス）への効果が期待される一方、テレワークが仕事の満足度や生産性を向上させたとする研究結果は（当時）少ないことが指摘されている(3)。

テレワークの効果については諸説あるものの、同社の社員はどのようにしてテレワークによる働き方を可能とし、組織を変革したのだろうか。次節以降では、企業概要を概観したのちに、同社の各拠点でテレワーク導入に至る経緯、導入プロセス、課題、組織変革、定着へのプロセス、等について聞き取りを通じ検証する。

2. 企業概要

VSN社は大手人財サービス会社、アデコグループのグループ会社でエンジニア派遣を専門とする従業員約4,800名の企業である。事業内容はIT・情報システム、メカトロニクス・エレクトロニクス、バイオ・ケミストリー分野におけるエンジニア派遣事業、開発請負、および有料職業紹介事業であり、上場企業および大手企業400社を顧客に抱えている。同社ではCOVID-19の影響でテレワーク導入を進めており、実際に緊急事態宣言発令を機にほとんどの社員がテレワークに移行した。さらに、その後の同宣言解除後もテレワークを継続する社員も多く、感染症対応にあわせ組織変革・働き方改革が実現されている。

同社の組織は大きく情報通信事業本部と研究開発事業本部に分かれている。営業・人事・総務・IT関連等の間接部門の社員数は約230名と社員全体の５％程度であり、社員のほとんどはエンジニアとして企業に派遣されている。情報通信事業本部は従業員の約６割を占め、IT業界や他業界におけるIT部門のプロジェクトに入り、さまざまなITサービスの開発を担当している。エリアは首都圏、名古屋、大阪である。もう１つの研究開発事業本部は主に製造業を顧客対象とし、社員の約４割を占める。

今回のテレワークの取り組み、浸透度については、IT技術を担当する情報通信事業本部において浸透度が高かった。一方、研究開発事業本部は顧客企業にものづくり系である製造業が多かったことから、テレワークの浸透度が限られている。そのため、本章では、よりテレワークの浸透度が高かった情報通信事業本部および間接部門（営業・人事・総務・IT）を研究対象とし、本社（東京）・名古屋オフィス・新大阪オフィスの各拠点に聞き取り調査を実施した。

3. 経営理念と変革の歴史

VSN社は2004年に特定労働者派遣を事業目的とし設立された(4)企業である。2006年にはジャスダック（以下JASDAQ）証券取引所に上場し、2011年にMBO（マネジメント・バイ・アウト）を行い、上場廃止した。2012年には人財サービスのグローバルリーダーであるアデコグループ（1957年スイスに設立）の一員となり現在に至る。2020年７月にはアデコグループの技術系事業ブランドである「Modis」にブランドを変更し、「Modis VSN」としてさらなる発展を遂げている。

また、競合他社との差別化として2011年より「バリューチェーン・イノベーター」という課題解決サービスを展開している。エンジニアリングを通じて気づいた顧客の課題に対して、技術力と問題解決力を用いた改善提案・コンサルティングを行うサービスであり、これまで約1,200件・31億円の効果を生み出すことができている。

このようにみると、順調に社業を発展させてきたかのように思えるが、設立当初の同社は現在とはまったく異なる企業風土であった。ITバブルによって活況であった時期とも重なり、当時のIT業界の労働環境は長時間労働が常態化している職場も多く、同社も人財獲得競争において課題を抱えていた。

現在の姿とはまったく異なる職場環境であったが、個人の働き方を見直すきっかけとなった１つのポイントは、先述した2006年のJASDAQ上場、その後の2011年のMBOである。上場企業に見合う組織変革を行い、またMBOによりオーナー会社から当時33歳の川崎健一郎氏に経営者が交代した。川崎社長は同社に1999年に入社した生え抜きの社員で、オーナーであった前社長の抜擢により就任した。新たな視点を持ったトップのもと、経営理念を押し出し、経営改革が行われた。その改革を一言でいうと、「チャレンジする社風」であり、社員を信頼して権限委譲を積極的に行っていく、という姿勢が明確に示されている。最近ではティール組織の概念を部分的に取り入れるなど継続した進化を続けている。

さらに、親会社がアデコグループという外資系企業であったことも大きい。世界60の国と地域に事業を展開するアデコグループでは、多様性、グローバルといった視点を重視している。2012年にVSNがアデコグループに参画し、数年の改革を経て徐々にこの企業文化を実感するようになったと語る社員もいる。

さらに、社員の平均年齢は30歳と若く、50歳代以上の社員は100人以下と少ないこと、親会社（アデコ株式会社）の社長がVSN社の社長を兼務していること、役員は社長を含め８名と少数で経営の意思決定を行っていること、企業組織として階層が少なく、役員の次は事業部長、課長のみであること等、素早い意思決定と行動を可能とするいくつかの要素が揃っている。また、月次の経営会議の議事録を社員全員が読むことができ、社長や経営陣からのメッセージは週１回の朝礼で（COVID-19以後は朝通信を発信）社内に共有されていた。これらの要因が複合的に重なり、柔軟な働き方を可能とし「働きやすい」企業への変革が行われていったといえる。

4．テレワークに関するVSNの人事制度

VSN社では、感染症の問題に先立ち2017年に「テレワーク勤務規定（リモートワークで働く人のための規則）」が策定された。ついで2018年には間接社員の一人が故郷である四国に戻ることになり、リモートワークをする社員が生まれた。当時は「働き方改革」の機運も高まり、また親会社であるアデコ社で推進していた働き方改革により、人事部門も人事制度の見直しを行っていた。そのため、2020年に起きた感染症の問題への対処時には人事制度整備がある程度進んでいた。安藤（2017）の組織変革プロセスになぞらえると、導入フェーズの前に、すでに準備段階や開始段階の下準備ができていたことになる[5]。

実際のテレワークの推移はどのようになっていたのか。2020年の感染症問題

の前からすでに間接社員のテレワークは実施されており、10％程度（2週間で1回）であった。その後、間接社員は2020年2月末にテレワーク比率を10％から30％に上げるよう、人事部門から全社に通達した。その後、4月上旬の緊急事態宣言時には30％から90％へと大幅にテレワーク比率を上げ、同宣言解除後も70％を維持している。エンジニアは、それぞれ派遣先企業の指示に従う形となっている。つまり、COVID-19の波が一時的ながら収束した後も、間接社員を中心にテレワークを定着させ、多様な働き方を実現させようとしている。

また、柔軟な働き方を実現させるために、2014年に間接社員を対象に「シフト勤務」が導入された。これは、1時間毎に出社時刻を選べるものである。当初はおよそ2割の組織がシフト勤務を導入した。これは、管理職が社員の管理がしにくいという考えが大半を占めており、多くの組織が及び腰であったためである。しかし、この制度も問題なく定着し、さらに、2019年にはコアタイムもないフルフレックス制度を導入した。現在はすべての組織がフルフレックス制度に移行している。

ただし、同社では無期雇用型の派遣ビジネスを展開しているため社員の多くを占めるエンジニアは派遣先の就業規則に則る労働環境となっている。また、正社員であるためVSNとの雇用関係は維持されつつも、企業にエンジニアとして派遣されるため、企業への派遣期間はその都度決定される。一般的に派遣契約は3カ月ごとに更新され、同一の企業へは平均2年弱の派遣期間となっている。一定の期間でプロジェクトを変えることで、さまざまな業界・技術・工程を経験した人財を育成する狙いがある。

気になる人事評価については、どのように行っているのだろうか。同社では、細かい営業プロセスやさまざまなミッションをKPIで測っており、それを人事評価にも活用している。具体的事例としては、新規企業開拓社数、既存顧客の新規部署開拓件数、初訪件数、案件数、成約数、部長格訪問件数、エンジニア連携MTG数など、あらゆる項目を数値化している。エンジニアの人事評価については、日頃の情報は派遣先企業の現場の指揮命令系統者が行い、スキルアップの評価については同社内のチームリーダーがそれぞれ年に1回能力を確認・評価する形をとっている。

また、管理職育成の目的で管理職の360度評価を実施している。その他、スキップ面談（役職を１つ飛ばした役職者と面談を行う）等も併用し、直属の上司だけが評価者にならず、より多面的に評価できるような工夫を行っている。

もう１つ、人事部門が力を入れているのが社員の健康面とメンタルのケアであり、2020年３月から「保健だより」を発信している。エンジニアからは、プロジェクトに急遽リモートワークでアサインされたので人間関係が構築できず、わからないことを聞きづらい、といった悩みがよせられている。また、家庭内における子供のケアなどの問題や、発熱時の出勤の判断基準などの問題も出てきた。さらに、これらの問題に対処するために、2020年１月とかなり早い時点から定期的に「新型コロナ対策に関する通知」を社員に発信し、７月時点でその回数は全15回にのぼる。

5. 感染症に対応したテレワーク導入と組織の変化

これまでみたように、かつては長時間労働と人財獲得競争において課題を抱えていた企業が、どのように従業員の働き方改革を実現し、テレワークを可能とする組織に生まれ変わったのだろうか。VSN社では全国の各拠点が同時に顧客先への常駐スタイルからテレワークへ移行し、緊急事態宣言解除後の2020年６月以降も間接社員・エンジニアともにテレワーク継続を可能としている。

同社がテレワークを可能とした要因は大きく２つある。１つは、エンジニア派遣という業態が、もともと顧客先に常駐するビジネスモデルであるため、「部下が目の前にいない」ことに上司が比較的慣れていたこと、もう１つは、感染症の問題がおきる数年前から、働き方改革の一環でテレワーク導入を進め、社内規定やIT環境などを整備していたことである。情報システム部門ではCOVID-19以前にネットワーク回線の強化を行っており、テレワークによる回線負荷の影響もなくスムーズに移行ができている。

それでは、テレワーク導入にあたり顧客対応、組織統括などについて、どのように課題を解決していったのか。本節では、同社各オフィスのテレワーク導入と定着について検証[(6)]する。同社の地域比率は関東が67.7％、中部が14.0％、関西が15.2％となっている。

5.1　本社の事例

VSN本社は事業本部の他、多くの間接部門があり、社員数が多い。2019年１月に本社オフィスを大幅に改装し、フリーアドレス制のオフィスとしていた。機密事項を扱う部署は専用の場所があるものの、社長をはじめ部屋がある部署はない。企業の成長とともに社員数が増え、改装前は座席が足りない、という問題が起きていた。これに対して本格的なテレワークの導入を行い、オフィス環境を整えることで問題を解決することができた。これも、本格的なテレワークを導入する助走になったと思われる。たとえば、営業職はカフェや在宅でテレワークを行っており、COVID-19を機に商談もオンラインに移行した。ただし、継続する顧客対応は問題がなかったものの新規の顧客開拓はテレワークでは不十分であった。

2014年頃から全社員にiPhoneが貸与され、社員との連絡が常に取れる体制が確立されたのち、2020年の感染症対策としてリモートワークに対応ができるようにテザリングのための通信容量を増強した。COVID-19以前は社員同士の懇親会が多かったため、今はオンラインによる懇親会が盛んに行われている。遠隔地の同期と交流ができるなどテレワークならではの新しいコミュニティが生まれている。

同社では、テレワークによる働き方の変化をチャンスにしたい、と考えている。これは、第３節で述べた現体制による「チャレンジする気風」にもつながるものである。そのため、テレワークは感染症時代の一時のブームに終わらせるのではなく、その後定着させ、真の「多様な働き方」を実現させるための契機にしたいとも考えている。

5.2　名古屋オフィスの事例

情報通信事業本部中部事業部は、2020年１月に設立したばかりの事業部である。中部地区でのエンジニア確保の需要が大きかったことから、大阪の西日本事業部から分離される形で誕生した。

名古屋オフィスでも、本社の動向に合わせ、働き方の自由度を段階的に増してきた。シフト制を経て、2019年１月からの「フルフレックス制」の導入とともに、どこでも仕事ができる環境が整えられた。家でできることは家ですればよい、仕事の進め方は社員に任せ、成果で判断するとの考え方がとられ、柔軟な働き方と効率的な仕事を両立する訓練ができていた。

したがって、今回のVSN本社からの指示には違和感や抵抗感もなく円滑に進められた。実際、緊急事態宣言中も以後も、対面式でないと仕事が進まないことはほとんどなく、働き方や働きやすさは「変わらない」という印象である。顧客の環境に依存する技術職ですら、ほとんどの顧客企業が在宅勤務を推奨した今回、問題にならなかった。

むしろ、仕事の効率が向上したとの評価も少なくない。移動などの無駄な時間をなくし、自身に最適な時間配分が可能になったため、仕事の集中力も高まった。疑問や困りごと、相談もオンラインですぐに対応できる。よく問題視される創造性についても、以前と遜色ない。対面と同様、顧客や同僚とのやり取りや仕事をこなす過程で、新たな発想やより効果的な仕事の仕方を見つけ、その気づきがさらなる学習の糧になっていくためである。

もちろん、社員によっては、コミュニケーションの不十分さ、不安、孤独などを感じる者もいるだろう。そうした社員のケアはチームリーダーが担う。また、同社はこれまで技術者派遣業界の中でも新入社員の育成に力を入れ、技術に限らず、働くことのマインド、姿勢などを含めた人財の質の高さに定評があった。それがオンラインのみでどこまで可能になったか、顧客との信頼関係に深く影響するだけに、今後注視する必要が指摘されている。

5.3　新大阪オフィスの事例

新大阪オフィスでも平時から働き方の自由度が高められていた。特に間接部門では、COVID-19流行以前よりリモートワークが取り入れられていた。１人１台のＰＣが支給され、社外でも機密情報を扱えるようセキュリティが整えられていた。社内SNSを活用することで十分なコミュニケーションも維持してきた。こうした経験が活かされCOVID-19流行時にもスムーズなテレワーク導入が実現した。

COVID-19流行時のテレワーク導入においては、川崎健一郎社長のリーダーシップも効果的に発揮されたといえる。かねてから従業員に対してメッセージを発信し続けてきた川崎社長は、COVID-19流行下においても「大企業こそテレワークを率先して行い、従業員の命を守らなければならない」と謳い、これは間もなく新大阪オフィスの共通認識となった。実際に新大阪オフィスの間接部門は、指示が出る以前に自主的にテレワークへ移行していた。顧客のオフィスに常駐する直接部門のエンジニアらも、顧客企業の方針に従いながら速やかにテレワークへと移行した。

テレワーク導入後も既存プロジェクトは順調に運び、職務満足度が向上した従業員も少なくない。ただしCOVID-19流行時に入社した新卒従業員に対するOJTはできていない。

テレワークを定着するにあたっては、従業員の職務満足度向上や離職防止が課題となる。同社は対面面談を定期的に行うことで、エンジニアのメンタルケアに力を入れてきた。COVID-19流行時にはこの面談もオンライン化されたが、結果として対面での密なコミュニケーションの重要性が再確認されることとなった。現在は、一部面談を対面式に戻すことを検討している。

6. 考察

VSN社では、およそ20年をかけて柔軟な働き方を可能とする組織へ生まれ変わっていた。感染症という危機の中にもビジネスチャンスを見出し、組織を再構築している。この変化は、JASDAQ上場とMBOによる組織の大きな変化によるものが大きいが、その後の素早い経営判断と適切なトップダウンによるところも大きい。また、社員構成が比較的若く、中間管理職が少ない組織構造も一因であるように思われる。

テレワークが極めてスムーズに導入された一方、労働者の仕事満足度の検証については今後の課題でもあり、長期的にみる必要がある。特に、本ケースでは特に新入社員について、必要とされるスキル形成やコミュニケーションの取り方について課題が残されている。Golden and Veiga（2006）は在宅勤務による仕事の満足度は正と負の両方の側面があり、満足度は逆U字型を描くことを指摘し[(7)]、坂本（2015）はICTツールの利用度や在宅就業頻度の高さが、むしろ仕事と家庭生活の葛藤を増やす方向にある危険性[8]を指摘している[9]。

とはいえ、同社では働く社員の専門性があり、「自立」した人財集団であるからこそ、それぞれが独立しておのおのの勤務場所で業務を行う組織作りを可能とした。また、専門性を身につけられるからこそ、組織へのコミットメントが生まれている。そして、この人事管理が間接部門の社員の人事管理に波及し、自然に柔軟な働き方が社内に受け入れられている。組織と働く個人の関係性を知るうえで、モデルケースの１つとなる事例である。

（1） 本章作成にあたり、株式会社VSNより事例提供をいただき、人事本部グループ長・福田浩二様、情報通信事業本部テレコム第二事業部長・脇一智様、同本部テレコム第三事業部長・水野由美様、同本部中部事業部長・小泉禎孝様、同本部西日本事業部長・大上有紀様に貴重なご示唆をいただきました。厚く御礼申し上げます。

（2） テレワークには雇用形態・時間・場所・管理によりいくつかの形態に分かれる。柳原佐智子（2019）「日本におけるテレワークの現状と今後」『日本労働研究雑誌』労働政策研究・研修機構, No.709, pp.16-27. に基づき、ここでは雇用型で勤務場所は自宅の在宅勤務型であるテレワークを指す。

（3） Bayley D.E. and Kurland N.B.（2002）“A Review of Telework Research: Findings, New Directions, and Lessons for The Study of Modern Work”, *Journal of Organizational Behavior,* Vol.23, Issue 4, pp.383-400.

（4） JASDAQ上場に向けて株式会社ベンチャーセーフネットからVSN社へ全社員が営業譲渡され移っている。

（5） 安藤史江・浅井秀明・伊藤秀仁・杉原浩志・浦倫彰（2017）『組織変革のレバレッジ 困難が跳躍に変わるメカニズム』白桃書房。

（6） 聞き取り調査は東京本社が2020年７月２日（対面）、名古屋オフィスが2020年６月26日（オンライン）、新大阪オフィスが2020年６月24日（オンライン）にてそれぞれ実施された。

（7） Golden T.D. and Veiga J.F.（2005）“The Impact of Extent of Telecommuting on Job Satisfaction: Resolving Inconsistent Findings”, *Journal of Management,* Vol.31, Issue 2, pp.301-318.

（8） 新たな問題として生じているICTを通じた「つながらない権利」に関する研究としては下記の研究がある。細川良（2019）「ICTが「労働時間」に突き付ける課題」『日本労働研究雑誌』労働政策研究・研修機構, No.709, pp.41-51。

（9） 坂本有芳（2015）「ICT高度化が就業者の仕事・家庭生活に及ぼす影響」『日本労働研究雑誌』労働政策研究・研修機構, No.663, pp.34-46。

第5章 データから状況を概観する

—COVID-19と緊急事態宣言が企業経営に与えた影響：「新型コロナウイルス感染症への組織対応に関する緊急調査」—

中園宏幸 *NAKAZONO Hiroyuki*
原　泰史 *HARA Yasushi*

1.「新型コロナウイルス感染症への組織対応に関する緊急調査」の概要

1.1 問題意識

本章では、アンケートデータに基づいて、新型コロナウイルス感染症（以下、「COVID-19」）および緊急事態宣言が、企業経営にどのような影響を与えたのかを概観する。COVID-19と緊急事態宣言の影響は、社会・経済の多方面に甚大かつ中長期的に及んでいる。それが具体的にどのようなものなのか、現状に対する正しい理解がなければ、経営者や政策立案者、そしてこの社会に暮らす一人ひとりの誰もが、適切な判断を行うことは極めて困難である。そこで、日本における経営組織研究の学会である組織学会では、18名の経営・経済の学者有志が手を挙げ、COVID-19がいま日本企業にどのような影響を与えているのか、緊急的な調査を2020年４月に行うこととした。

この調査は４月の緊急事態宣言の混乱の中、短期間で行われたものながらも294社の人事部門にご協力いただいた。そこからは、全国の企業がどのような状況にあるのかの概略を掴むことができた。本章ではその基本的な発見事項を説明する。主な発見事実を先取りすれば、１）業種を選ばず70％以上の企業が売上減となっていること、2）3カ月程度で収束するとみている企業は少なく、70％近い企業は影響が6カ月以上の長期に及ぶだろうとみていること、3）ほとんどの企業は雇用を最大限維持しようと配慮していること、4）テレワークは90％以上の企業で広範に採用されていること、一方、5）従業員のコミュニケーションやメンタルに悪影響が出始めていること、などの実態が明らかになった(1)。

なお、本章は一橋大学イノベーション研究センターIIRワーキングペーパー「新型コロナウイルス感染症への組織対応に関する緊急調査：第一報(2)」および「新型コロナウイルス感染症への組織対応に関する緊急調査：第二報(3)」に掲載した内容を要約したものである。

1.2 調査設計

COVID-19が日本企業にどのような影響を与えているのか、その概要を掴むために緊急的な調査を行うことが本調査の目的である。そのため、本調査では業種や企業規模などを問わず日本国内の企業を調査対象とし、雇用や働き方などの会社の内側の状態に詳しい、ProFuture株式会社が運用する「HRプロ」、「人事PRO-Q」に登録している人事担当者に対して、Web上に掲載した質問表に基づく回答を依頼した。調査期間は、2020年4月17日から24日までの一週間である。これと並行して、研究者個人がもつネットワークを活用した調査協力依頼も行った。

分析にあたっては、調査により収集したデータのクリーニング作業を実施している。回答を得られた企業について調査期間における重複回答があるか否か、また売上高等の指標について記載内容および単位に誤りがないか検証を行い、必要に応じこれらの修正作業を次の手順に基づき実施した。（1）まず、得られた企業からの回答について、当該企業の公式ホームページおよびEDINETなどに掲載された法人情報と突合することで、売上高や営業利益の情報に誤りや著しい乖離がないかを確認した。これにより、明らかに公的データベースに記載された情報と財務状況の異なる企業について、データセットからの除去を行った。（2）続いて、同一企業名で複数の回答を行っている企業について、（1）の作業を踏まえたうえで、最新のタイムスタンプ（回答日時）のデータを採用した。また、企業の特性を把握する観点から、調査により得られた企業名に基づき、Web上から企業のホームページを特定し、法人形態について分類を行った。これらの作業により、分析対象とするサンプルサイズとして294社のデータが得られた。内訳は、株式会社263社、有限会社・合同会社8社、一般社団法人・社会福祉法人・学校法人10社、その他（研究所・任意団体・小学校・労務事務所・設計事務所・公社・健康保険組合）13社である。国内で活動する法人をとりまく状況を概観するに足るだけの、企業規模、業種、地域の多様性を一定程度担保できたといえるだろう。

2. 企業・事業に対する影響

ここからは、2020年4月時点のCOVID-19による企業・事業への影響をみていく。

主要事業に対してCOVID-19の影響がどのように出ているかを調査したところ、全体のうち4%の企業が少なくとも一時的に事業の操業停止に直面していることが明らかになった。また、事業停止まではいかなくとも、63%の企業が事業の縮小を余儀なくされており、総じて3分の2（67%）という非常に広範

図表5-1　産業分類ごとの事業への影響度合い

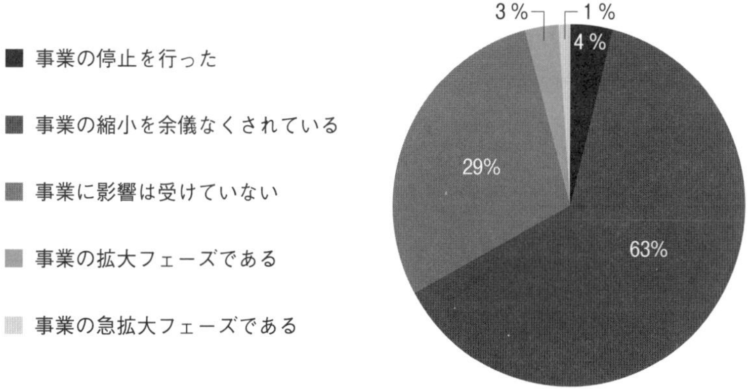

な範囲で事業活動にネガティブな影響が出ていることを明らかにできた。一方、「事業が伸びている」と回答した企業も約４％存在している（**図表５－１**）。

また企業の主要事業における売上高の変化をみると、「大いに減少した」、「減少した」とする回答が69％を占めた。対して、「売上が拡大している」と回答した企業は４％であった。

このように、回答企業のうち半数以上の企業が主要事業の継続にあたり困難に直面している。しかしながら一部の企業では、経済活動の著しい変化により事業への需要が急激に高まりつつあることも同じく示唆できる。

こうした事業活動・売上への影響は特定業種に偏ったものであろうか？　売上が「大いに減少した」、「少し減少した」と回答する企業を産業別に見ると、製造業は71％、サービス業は76％、小売業は74％。情報通信業は70％となり、どの産業においても70％以上の企業で売上が減少していた。なかでも、「宿泊・飲食サービス、娯楽」産業の４割以上が「大いに減少した」と回答しており、影響の深刻さがうかがえる。他方、「建設」産業では２割程度、「教育・学習支援」、「情報通信」、「金融・保険、不動産」産業では４割程度の企業が減少

図表５－２　産業分類ごとの売上への影響度合い

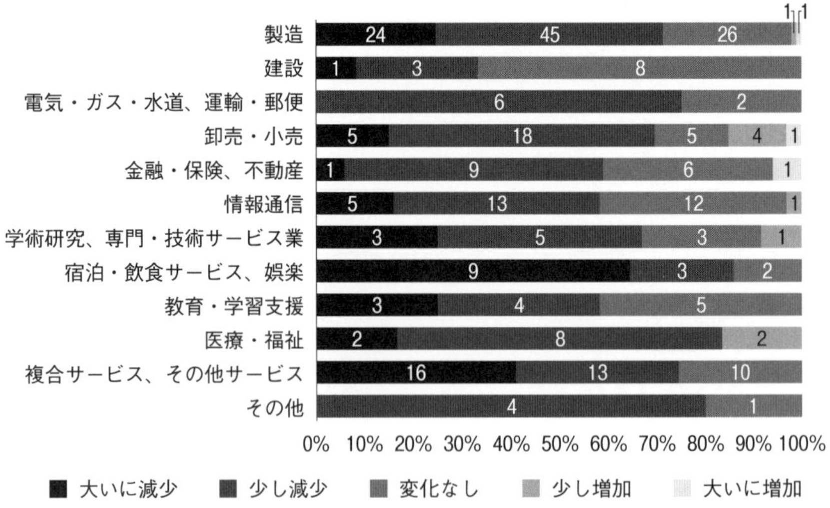

していると回答しており、産業間比較では売上の減少影響が相対的に小さくなっている。調査時点（2020年４月末）に売上影響が出ていない「建設」業を例外として、ホワイトカラーや専門職の業務が中心の産業には、現時点の売上影響が相対的に小さい可能性がある（**図表５－２**）。

また、売上の減少に直面する企業が、どのように事業形態を変化させたか、具体的な行動変容について尋ねた。半数以上の企業は、営業やセールスなどの顧客との接点をオンライン化したと回答している。一方、飲食業などで見受けられるサービスの提供手段の変更、マーケティング手段のオフラインからオンラインへの変更などは、一部企業に留まる。

主要事業への影響について、今後の見通しについても調査した。主要事業への影響は、「６カ月から１年程度続く」と回答する企業が42％ともっとも多く、「１年から３年程度続く」と回答した企業が28％であった。本調査を実施した2020年４月の段階では、COVID-19による主要事業への影響は、中期から長期的に影響を及ぼすと予測する企業が多くみられる結果となった。

3. 組織・現場に対する影響

COVID-19の拡大を受けて、企業は正社員の雇用に対してどのような対策を

図表５－３　在宅勤務およびテレワークの導入時期

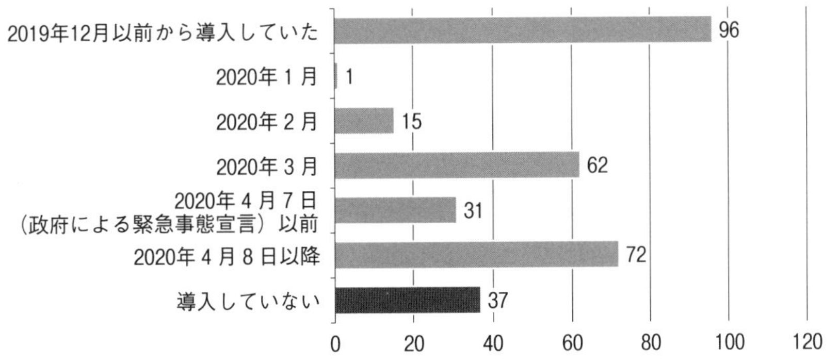

講じたのか？　正社員の雇用状況の変化について、雇用契約、待機・休暇措置、在宅勤務およびテレワークの観点から企業の状況を調査した。

まず、88％の企業が「正社員の一部または全員に対して在宅勤務／テレワークを導入した」と回答しており、テレワークへの移行が急激に進んでいる実態が明らかになった。では、在宅勤務やテレワークはどの時期に導入されたのであろうか？　約３分の１の企業が、COVID-19による社会的・経済的影響が生じはじめる前、2019年12月以前からテレワークを導入していた。その後、2020年１月から３月にかけ、在宅勤務およびテレワークの導入率が増えている。2020年４月時点でも、政府による一都一府五県に対する「新型コロナウイルス感染症緊急事態宣言[4]」発出の以後より、テレワークが導入された企業が一定数存在することが確認できる。一方、2020年４月時点で在宅勤務およびテレワークを導入していない企業も一定数存在していた（**図表５－３**）。

また急激な事業環境の悪化に対し、29％の企業が自宅での待機措置、有給休暇取得措置を行ったと回答している。一方、「雇用契約の中断を行った」と回答した企業は１％に過ぎず、また雇用条件（給与など）の変更を行った企業も５％に留まる。本調査では、COVID-19に対して、多くの企業が在宅勤務およびテレワーク等の「働き方の変更」や、「休暇制度の活用」で対応しようとしており、正社員については雇用および雇用条件は最大限維持されようとしてい

図表５－４　雇用契約・条件および働き方への対策

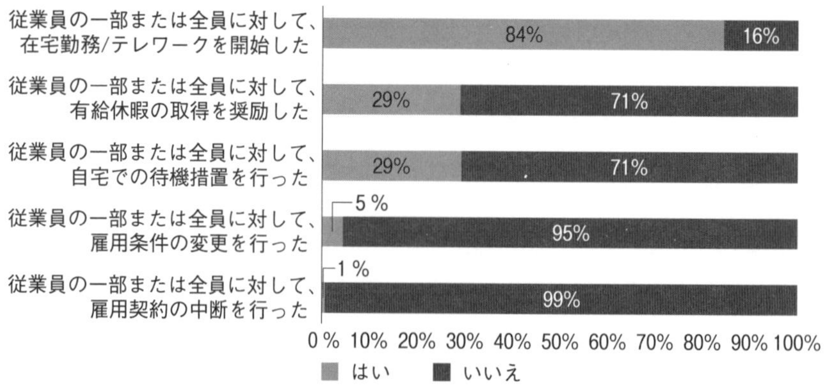

ることを明らかにした（**図表5－4**）。

本調査からは事業環境の変化、就労環境の変化に対しても、各社が一定程度組織的な対応をとっている実態が明らかになった。COVID-19による企業活動への影響が顕在化する以前の2019年12月以前から設置・実施されていた場合も含めれば、リスク管理・BCP部門が55％の企業で設置されているほか、対策プロジェクト組織の設置（27％）、担当役員の配置（37％）、在宅勤務・リモートワーク支援室の設置（42％）、ワーク・ライフ・バランスにかかる子育てや育児支援室の設置（19％）といった施策が進められている実態を明らかにした。

COVID-19による従業員の仕事上に生じる問題点については、「従業員への意思伝達が難しくなった」、「従業員同士の意思疎通が難しくなった」、「部門間の連携が難しくなった」と回答した企業が約半数を占めた。この結果は、本来の業務において、対面コミュニケーションに依存する部分がいかに大きいかを示唆する結果となった。また、「仕事上でのストレスを抱える従業員が増えた」と約60％の企業が回答している。一方、「現場で事故、ミス、トラブルが増えた」と回答する企業は約10％に留まっている。以上から、業務上のミスはあまり生じてはいないものの、従業員間のコミュニケーションと、メンタルケ

図表5－5　業務遂行における課題

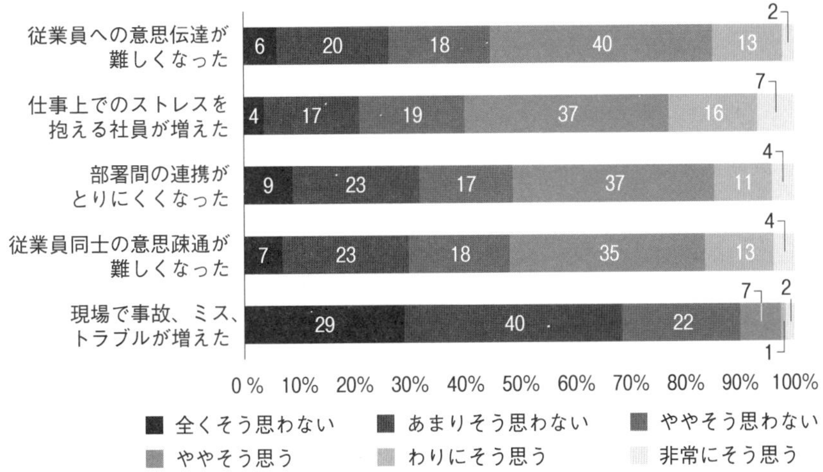

図表5－6　オンラインコミュニケーションツールの利用状況

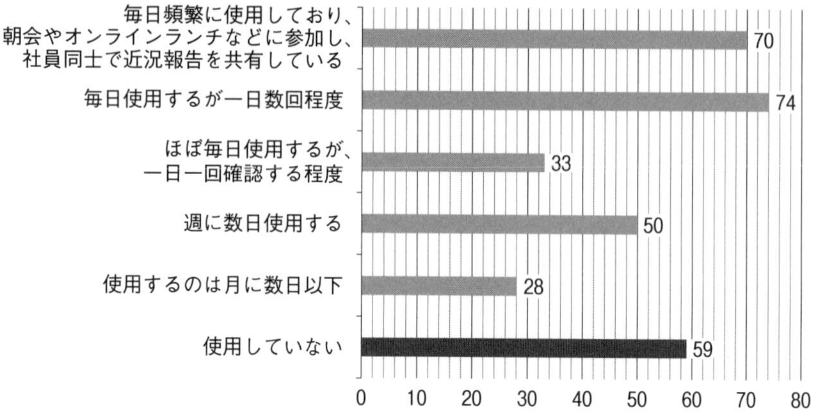

アが、喫緊の問題となっているといえるだろう（**図表5－5**）。

従業員間のコミュニケーションを円滑に行う手段として、オンライン上でファイル・ソースコード共有、チャットなどを用いた情報交換を可能とするSlackやMicrosoft Teams、サイボウズなどのコミュニケーションツールが、ここ数年企業に導入されつつある。同様に、ZoomやGoogle Meet、Cisco Webexのオンライン会議システムも急激に普及しつつある。こうしたツール群を現状の業務の実施にあたり利用しているか調査を行った。「毎日頻繁に使用しており、朝会やオンラインランチなどに参加し、社員同士で近況報告を共有している」と回答した企業が全体の22.3％、「毎日使用するが一日数回程度」が23.6％、「ほぼ毎日使用するが、一日一回確認する程度」が10.5％と、頻度は異なるものの、こうしたオンラインツールを活用している企業の割合は、全体の６割弱であることが確認できた。一方、「使用していない」と答える企業も18.8％となった。産業や地域ごとに特性の精査が必要であるが、在宅勤務やテレワークを行うにあたり、こうしたツールの活用多寡が組織の生産性等に影響を与えている可能性が示唆できるだろう（**図表5－6**）。

4．小括

本章では、COVID-19に対して2020年４月時点で日本企業がどのように組織的対応をとってきたかを明らかにしてきた。主な発見事実としては、１）事業縮小・売上減少は産業界全体の約７割、業種を問わず全般的なものであること、２）多くの企業が影響は半年以上長期化すると見積もっていること、３）テレワークは2020年の第１四半期にかけ広範に普及した。推進施策も急速に整備されていること、４）雇用・雇用条件は最大限維持されようとしている、５）従業員コミュニケーションとメンタルケアが問題となりつつあるなどを明らかにした。

日本政府は2020年４月の段階で、「新型コロナウイルス感染症緊急経済対策(5)」にて、「緊急支援フェーズ」と「V字回復フェーズ」とする２段階の経済政策を構想していた。「緊急支援フェーズ」は、雇用維持と事業継続を支援する段階であり、「V字回復フェーズ」は、観光・運輸業、飲食業、イベント・エンターテインメント事業に絞った消費の喚起を主眼としている。本調査による企業の状況を踏まえる限り、特に「緊急支援フェーズ」では、特定業種への支援ではなく、全産業的な補償と対策が必要であることが示唆される。

本調査からの知見の１つとして、諸外国と比して、日本企業が従来の経営慣行のとおりに雇用の維持を第一に考え、その分、従業員の休暇取得や在宅勤務/テレワークといった手段で対応しようとしている様子が観察された。Odagiri and Goto（1993）が示唆するように、第二次世界大戦前後に掛け、終身雇用による安定した労務環境を政府および企業が相補的に実現させたことは、戦後日本の経済システムの成長およびその維持において重要な役割の１つを果たしてきた(6)。こうした企業行動が、現状下でも維持されていることは注目するに値するように思われる。我が国の産業・経営慣行を鑑みれば、市民の一人ひとりが生活の維持を可能とする施策を届けること、かつ、自粛という形で自発的な経済活動の縮小を行うあらゆる事業体に対し、全般的な補助・補償の支援策を行うことが妥当であったように考えうるのである。

本章を執筆している2020年７月現在も多くの企業が、これまでの事業活動を継続することが極めて困難である状況下での企業行動を余儀なくされている。また、政府および地方自治体による緊急事態宣言、それによる特定業種に対する事業自粛要請の有無にかかわらず、自律的な事業活動の縮小あるいは停止を選択した事業体も数多く存在している。本調査を行った2020年４月の時点では非正規雇用に対する雇用調整が主であった企業の雇用状況も、正規雇用に影響が及びはじめていることが明らかになりつつある[7]。COVID-19による社会的活動・経済的活動の全般的な停止ないし自粛に対する対応は、トップ・ミドルおよび現場の各レベルで、喫緊かつ具体的な変革への試行錯誤がそれぞれに求められているといえるだろう。

COVID-19は人々の社会的行動の多寡がその感染確率および重篤患者数、死者数の推移に影響するとされている（Vermeulen, Pyka & Muller 2020）[8]。それ故に、こうした予測は、企業自体がこれまでの物理的に人同士がモノや情報を交易することで経済的便益を発生せしめてきた事業形態を変化させざるを得ないことを強く示唆している。

中長期的には、トップの判断能力、ミドルの変革能力、現場の適応能力を高め、今後さらに起こりうる環境変化への適応力を養っていく必要がある。藤本（2012）は、東日本大震災が当時の企業に与えた影響を鑑み、環境変化に対する頑強性を高めるためには、長期的視野での変化に対応する能力構築が必要であると主張していた[9]。このような主張は、今回のCOVID-19の状況下でもよくあてはまるものであろう。これまでの経済・経営のシステムが効率性を軸としたものであるとするならば、効率性と、適応力（あるいは柔軟性）の、２つの観点を兼ね備えた社会経済システムを構築していくことが求められるのである。

（1）　本調査については、第二回目のサーベイ調査を2020年９月から11月にかけて、「組織調査2020」に内包する形で実施予定となっている。「組織調査2020」（日本企業のイノベーションに関する組織のミクロ基礎に注目した実態調査）は、前述の組織学会が行う日本企業の経営状態の総点検調査である（参考サイト：https://www.os2020.info/）。

（2）　原泰史・今川智美・大塚英美・岡嶋裕子・神吉直人・工藤秀雄・高永才・佐々木将人・塩谷剛・武部理花・寺畑正英・中園宏幸・服部泰宏・藤本昌代・三崎秀央・宮尾

学・谷田貝孝・中川功一・HR総研（2020）「新型コロナウイルス感染症への組織対応に関する緊急調査：第一報」, IIRワーキングペーパー, WP#20-10（http://pubs.iir.hit-u.ac.jp/admin/ja/pdfs/show/2390）。

（3） 服部泰宏・岡嶋裕子・神吉直人・藤本昌代・今川智美・大塚英美・工藤秀雄・高永才・佐々木将人・塩谷剛・武部理花・寺畑正英・中川功一・中園宏幸・宮尾学・三崎秀央・谷田貝孝・原泰史・HR総研（2020）「新型コロナウイルス感染症への組織対応に関する緊急調査：第二報」, IIRワーキングペーパー, WP#20-11（http://pubs.iir.hit-u.ac.jp/admin/ja/pdfs/show/2391）。

（4） 新型コロナウイルス感染症緊急事態宣言（https://corona.go.jp/news/pdf/kinkyujitai_sengen.pdf）［閲覧：2020年4月28日］。

（5） 「新型コロナウイルス感染症緊急経済対策」の変更について（https://www5.cao.go.jp/keizai1/keizaitaisaku/2020/20200420_taisaku.pdf）［閲覧：2020年4月27日］。

（6） Hiroyuki Odagiri and Akira Goto (1993) The Japanese System of Innovation: Past, Present, and Future, in *"National Innovation Systems: A Comparative Analysis"*, Oxford University Press. pp.76-114.

（7） 厚生労働省（2020）「新型コロナウイルス感染症に起因する雇用への影響に関する情報について」（https://www.mhlw.go.jp/stf/seisakunitsuite/bunya/koyou_roudou/koyou/koyouseisaku1.html）［閲覧：2020年4月28日］。

（8） Ben Vermeulen, Andreas Pyka, and Matthias Müller (2020) An agent-based policy laboratory for COVID-19 containment strategies（https://inno.uni-hohenheim.de/corona-modell）［閲覧：2020年4月28日］。

（9） 藤本隆宏（2012）「サプライチェーンの［バーチャル・デュアル化］：頑健性と競争力の両立へ向けて（特集 組織と危機管理）」『組織科学』, 45(4), 25-35。

第6章 統計的検証：組織レベルで求められること

—組織レジリエンス—

佐々木将人 *SASAKI Masato*
今川智美 *IMAGAWA Tomomi*
中川功一 *NAKAGAWA Koichi*

1. COVID-19危機下にある外食産業でマクドナルドが独り勝ちだった理由

新型コロナウイルス感染症（以下、「COVID-19」）の流行が企業にもたらしたことの1つは、企業経営のあり方に関するものだろう。従来どおりの経営がいつもできるとは考えにくく、状況変化を織り込んで、変化に強い事業体制を構築することが求められているのである。こうした危機への対応力は、経営学では組織レジリエンスと呼ばれている。

組織がレジリエンスを高めることの重要性を示唆する象徴的な事例の1つが日本マクドナルドである。COVID-19の影響を、最も強く受けた業界の1つが外食産業だった。しかし、多くの外食店がそもそも営業もできず、大手チェーンが壊滅的な業績を記録する中で、日本マクドナルドホールディングスはほとんど独り勝ちともいえる好業績を記録した。同社が2020年5月に発表した4月の前年同月比の経営実績は、客数こそ18.9%の減少であったものの、客単価が31.4%増加し、結果として売上高は6.5%の増加だった。5月も続伸し、売上高15.2%の増加を記録した[1]。

これは、他のチェーンが店舗を閉めているなかで、マクドナルドだけが自粛もせず営業していたから…ではない。人々が外出を自粛する中で、マクドナルドが危険であればだれも行きはしない。無理やり営業して、クラスター感染でも出そうものなら、マクドナルドのブランドは失墜する。東京ディズニーリゾートが長らく休園を続けているように、国民に愛されるブランドが、そのようなリスクを冒してまで営業する理由はない。

それでもなお、マクドナルドが営業を継続したということが何を意味するのか。そして、人々が例年以上にマクドナルドを利用したという事実が、何を意味するのか。それはもちろん、マクドナルドが、現地を訪れる消費者が納得するレベルで感染対策ができていたということである。

実際のところマクドナルドは、2013年から代表取締役社長となったサラ・カサノバ氏（現・代表取締役会長）のもと、それまでの効率一辺倒のオペレーション体制を見直し、品質、衛生、利便性、BCPといった側面への投資を強化してきた(2)。200億円以上の借り入れを行いながら行ったこれらの改革が、コロナ影響下での営業継続・業績好転に奏功している(3)。

まず、直営店の半数以上に備えられたドライブスルー設備である。コロナ影響下では何よりこのドライブスルーが収益を稼ぐことになった。先ほどの客単価の増大は、ドライブスルーで家族分をまとめて買う購買形態によるものだ。カサノバ氏の就任以来、同社は店舗ごとに顧客とのコミュニケーションのあり方を再考した。その結果、ドライブスルー利用が多い店舗では、よりスピード重視の提供ができるよう改善が継続されてきた(4)(5)。このことが、コロナ禍ではドライブスルーの回転率を向上させ、売上に貢献したといえる。

次に、モバイルオーダーを軸とした店頭のIT化が挙げられる。マクドナルドは2015年以降、店頭での注文や商品渡しにIT導入を進めていた(6)。アプリで注文し、キャッシュレスで決済し、ディスプレイに表示される番号で商品を受け取る。これらはコロナウイルスのための投資ではなかったが、結局、こうした利便性・省人化の投資が、人との接触を最小限にしての営業を可能とした。

従来からテイクアウトに対応し、宅配を導入していたことも幸いした。顧客との接点を増やす施策を行った結果、イートインの形式を中止しても、マクドナルドは商品を絞ったりすることなく営業継続をすることができた。

こうした顧客利便性への投資の結果、マクドナルドは変化が起こった際の対応力を得た。そしてマクドナルドは他のファストフードチェーンに先駆け、今回の危機を予見していたかのような危機対応力をみせることができたのである。

2. 組織レジリエンスとは何か?

「レジリエンス（Resilience）」とは、不測の事態や危機に直面した際に、そこから迅速に復旧できる能力である。レジリエンスの考え方は、もともと物理学において、「外力による歪みを跳ね返す力」として使われ始めたことに端を発し、その後自然科学から社会科学まで幅広い領域で用いられている用語である(7)。環境学や生態学、あるいは社会学のように比較的マクロなシステムを分析対象とする研究では、レジリエンスは変化や危機に直面したシステムの回復力や適応力を説明する際に用いられてきた。他方で、心理学の領域では、危機的状況に直面した個人がそこで折れずに回復する力をレジリエンスとして捉えている。分析単位の違いはあるものの、いずれも変化や危機に対して、研究対象が抵抗や適応を行うことで長期にわたる安定性を維持することができる点では共通している。

経営学においてこのレジリエンスの概念が注目を集めたはじめた契機は、2001年９月11日にアメリカにおいて発生した同時多発テロ事件である(8)。この事件をきっかけとして、テロリズムのような外的なショックによる危機的な状況や予期せぬ災害に直面した際に、組織がどのように対応するべきかを解明する概念として、レジリエンス概念に注目が集められてきた(9)。

他の分野においてさまざまな分析レベルの研究が行われているのと同様に、経営学においても、組織の中で働く個々人のレジリエンスに関する研究と組織全体でのレジリエンスに関する議論とが存在している(10)。個人のレジリエンスに着目する研究では、逆境や対立、失敗から復帰できる個人の心理的強さを育むことに焦点が当てられてきた(11)。これらの研究では、個人の挫折や失敗に対する対処の仕方に関して、人事や上司が適切に介入することで、従業員のレジリエンスを高めることを明らかにしてきた(12)。

これに対して、組織レベルのレジリエンスに注目する研究では、危機に見舞われた組織がそこから回復する過程や、環境の変化に直面してビジネスモデルを変更するなどして組織が適応を図る過程が議論されている。組織レベルのレジリエンスに関して、Kantur and Say（2015）は、以下の3つの次元によってレジリエンスを測定することを提案している(13)。

①「ロバストネス（頑健性：Robustness）」：損傷や、劣化、機能の喪失を受けることなく、ストレスや外部の要求に耐えられる能力
②「アジリティ（敏捷性：Agility）」：不安定な環境の中で機会を迅速に認識し、活用し、脅威に対処する組織の能力
③「インテグリティ（統合力：Integrity）」：不利な状況に直面したときの組織の従業員の結束力

つまり、組織レジリエンスとは、外部の危機や変化へ組織が抵抗力を持つと同時に、そうした変化に対して、素早くかつ一体感を持った対応ができることを意味している。この組織レベルのレジリエンスが今回の危機において実際にどのような影響を与えていたのかについては、上記概念の測定尺度を用いたアンケート調査のデータを使って、次節で検討していくことにしよう。

3. COVID-19の流行下での組織レジリエンス

3.1 データと方法

本研究で利用するデータは、組織学会に所属する研究者の有志とHR総研が共同で実施した「新型コロナウイルス感染症への組織対応に関する緊急調査」の質問票調査に基づいている。回答対象は、国内企業の人事担当者である。調査の実施は、HR総研が有する企業リストを用い、登録企業の人事担当者へ調査依頼メールを送付し、webアンケートへの回答を依頼した。調査期間は2020年4月17日から4月24日の1週間で、合計314人から回答を得た。データクリーニングの結果、本章の分析に用いるデータセットのサンプルサイズは286

社となった[14]。

同調査は、日本政府の緊急事態宣言から10日後というまさに世の中が大きく変化している渦中に行っている点が大きな特徴である。組織が緊急事態にどう対応するのかを観察するうえで非常に適した時期だと言える。また、単に危機からの復旧というよりも、テレワークなど新しい組織の行動様式が再構築されていく実態を捉えられるという点で、組織のレジリエンスの効果を検証するのに適した機会でもある。

具体的に質問票では、前述のKantur and Say（2015）に基づいて組織のレジリエンスについて、以下の３つの要素について６点尺度（全くそう思わない～非常にそう思う）で尋ねている。

・「我が社では総じて、平時から多様な解決策が生み出されている」（頑健性）
・「我が社では総じて、平時から非常に素早い対応策が取れている」（敏捷性）
・「我が社では社員一丸となって、平時から変化する状況に対応することができる」（統合力）

以下の分析では、この３項目の平均値をその企業の「組織レジリエンス」として、今回の危機への対応にレジリエンスがどのような効果を果たしていたのかを確認していくことにしよう[15]。

3.2　発見事実①：組織レジリエンスは危機への事前の準備を促進する

組織レジリエンスの効果の１つは、危機への事前の準備が整っていたことである。**図表６-１**は、各組織施策の導入に関して、導入時期と組織レジリエンスの程度によって、各企業の導入率がどのように異なるかを示している。導入時期については、COVID-19が発生する以前（2019年12月以前）と以後（2020年１月以降）の２期間に分けている。組織レジリエンスの程度については、各企業の組織レジリエンスの値でサンプルを２つに分け、組織レジリエンスの値が高い群（N=138; 平均値=4.45）と組織レジリエンスの値が低い群（N=148; 平均値=2.52）とした。

企業が導入した組織施策については、「テレワーク」の導入の有無に加え、

図表 6－1　組織施策の導入状況

導入時期	組織レジリエンス	組織施策											
		テレワーク		BCP/リスク管理室		CRO/リスク管理担当役員		テレワーク支援室		子育て支援室		COVID-19対策室	
2019年12月以前	高群	40.6%	***	47.1%	N.S.	23.2%	*	29.7%	***	19.6%	**		
	低群	20.9%		39.2%		14.9%		14.2%		10.8%			
2020年1月以降	高群	47.1%	***	23.9%	N.S.	13.8%	N.S.	21.7%	N.S.	7.2%	N.S.	34.8%	**
	低群	68.2%		20.9%		9.5%		20.9%		4.1%		23.0%	
合計	高群	87.7%	N.S.	71.0%	N.S.	37.0%	N.S.	51.4%	**	26.8%	**	34.8%	**
	低群	89.2%		60.1%		24.3%		35.1%		14.9%		23.0%	

*: $p < 0.1$、**: $p < 0.05$、***: $p < 0.01$、N.S.: 非有意

さまざまな専門組織の設置についても質問票で尋ねている。具体的には、「リスク管理部門・事業継続計画（BCP）部門の設置」、「専任の危機管理担当役員／最高リスク責任者（Chief Risk Officer）の任命」、「在宅勤務／リモートワーク支援室の設置、もしくは担当者の任命」、「子育て・育児支援室の設置、もしくは担当者の任命」、「新型コロナウイルス感染症緊急対策室の設置、もしくは担当者の任命」について設置・任命の有無を尋ねている。**図表 6－1** には各時期（および合計）における各組織群での組織施策の採用率と 2 群の平均値の差の検定の結果を示している。

組織施策導入に関する全般的な傾向は、一番下の合計の値を見ると読み取りやすい。テレワークの導入やリスク管理／事業継続計画（BCP）部門の設置は、比較的採用率が高く、過半数の企業が導入していることが分かる。他方で、リスク管理担当役員／CROの任命や子育て支援室の設置は今回のCOVID-19を経ても採用率が低い傾向にあることが示されている。また、COVID-19対策室も、3 割程度の導入率であった。平均的な傾向として、今回のCOVID-19への対応は、テレワークの導入やリスク管理部門やBCP部門による対応が中心であった様子が示唆されている。

しかし、こうした組織施策の採用率は、組織レジリエンスの程度によって大きく異なることも表からは示唆されている。レジリエンスの高い組織では、COVID-19の発生以前から予めこうした組織を導入していた傾向が見られるの

である。特に顕著なのは、テレワークの導入だろう。高レジリエンス組織では、全体の約4割が2019年12月以前にすでにテレワークを導入していた。低レジリエンス組織では約2割であったのと比べると、顕著に多いことが分かる(16)。これに対して低レジリエンス組織では、COVID-19の発生後にテレワークを導入している企業が全体の約7割を占めており、危機に直面して急遽導入を決めた企業が多い様子が示唆されている。

同様の傾向は、他の組織施策の導入においても見られる。2019年12月以前においては、高レジリエンス組織の方がさまざまな組織施策の採用率が高くなっている。これに対して、2020年1月以降では、2つの組織群の間で導入率にあまり差は見られない(17)。すなわち、レジリエンスが高い企業では、今回の危機に関連する組織施策が予め採用されていた傾向が強く確認できたのである。

3.3 発見事実②：組織レジリエンスは、危機や新しい施策の導入に伴うトラブルの増加を緩和する

組織レジリエンスのもう1つの効果は、今回の危機においても効果的なトラブル対応ができていたことである。特に、先ほど示したようなさまざまな組織施策を効果的に活用できている様子が示唆されている。

このことを明らかにするために、ここでは組織レジリエンスと組織対応が、現場のコミュニケーションに与えた影響を見ていくことにしよう。**図表6-2**は現場のコミュニケーション障害の程度を従属変数とした重回帰分析の結果である(18)。モデル1は、コントロール変数のみを投入したもので、モデル2は、説明変数である組織レジリエンスを投入したもの、モデル3は組織施策の導入の有無（テレワーク導入および新組織設置数の有無）を投入したもの、モデル4は組織レジリエンスとテレワーク導入および組織設置のそれぞれとの交互作用項を投入したものである(19)。

分析結果からは、以下の3点が示されている。第1に、テレワーク導入は、コミュニケーション障害に対して正の影響を示していた。今回のCOVID-19で多くの企業が導入したテレワーク導入は、コミュニケーション障害を高めている傾向が確認できたのである。テレワークは人と人とのコミュニケーションの取り方を変える。テレワーク下では、対面で観察できるジェスチャーや表情な

図表 6－2　重回帰分析

従属変数：コミュニケーション障害	モデル 1	モデル 2	モデル 3	モデル 4
組織レジリエンス		-0.14[0.05]**	-0.16[0.06]**	-0.14[0.06]*
テレワーク導入†			0.39[0.18]*	0.37[0.18]*
新組織設置数			0.41[0.34]	0.65[0.35]
組織レジリエンス×テレワーク導入				-0.36[0.17]*
組織レジリエンス×組織設置				-0.67[0.24]**
組織年齢	0.00[0.00]	0.00[0.00]	0.00[0.00]	0.00[0.00]
正規従業員数	0.08[0.03]*	0.08[0.03]*	0.05[0.04]	0.04[0.04]
売上増加†	0.18[0.33]	0.14[0.33]	0.16[0.32]	0.14[0.32]
売上大幅減少†	0.23[0.16]	0.22[0.16]	0.21[0.16]	0.23[0.15]
東京†	0.63[0.18]***	0.63[0.18]***	0.55[0.18]**	0.60[0.18]***
6 府県†	0.39[0.20]*	0.36[0.20]	0.34[0.19]	0.36[0.19]
産業ダミー†	Yes	Yes	Yes	Yes
Constant	2.65[0.22]***	3.18[0.30]***	3.04[0.32]***	2.93[0.32]***
F値	3.39	3.90	3.77	4.35
R^2	0.08	0.10	0.12	0.16
調整済R^2	0.06	0.08	0.09	0.12
N	286	286	286	286

†はダミー変数、括弧内は標準偏差　*: $p < 0.1$、**: $p < 0.05$、***: $p < 0.01$

どの非言語情報による正確な情報のやりとりは妨げられる。そのため、テレワークは柔軟な働き方を可能にする一方で、従来のオフィスワークと同様の情報獲得や、処理、活用を試みる過程で、コミュニケーションに支障をきたしているのであろう。

第2に、こうした現場のトラブルに対して、組織レジリエンスはモデル2～4のいずれにおいても、負に有意な影響（5％水準ないし10％水準）を示している。組織レジリエンスはコミュニケーション障害を軽減する要因となっていると言える。

そして第3に、組織レジリエンスが高いことは、テレワークは新施策導入に伴う現場のコミュニケーション障害を軽減させる傾向にある。具体的には、組織レジリエンスとテレワーク変数および組織設置変数の交互作用項が、コミュニケーション障害に対していずれも負の有意な影響を示している。このことから、新たな施策の導入に伴うコミュニケーション・トラブルについて、レジリエンスが高い組織では緩和されることを明らかなった。

図表6－3　交互作用（テレワーク導入×組織レジリエンス）

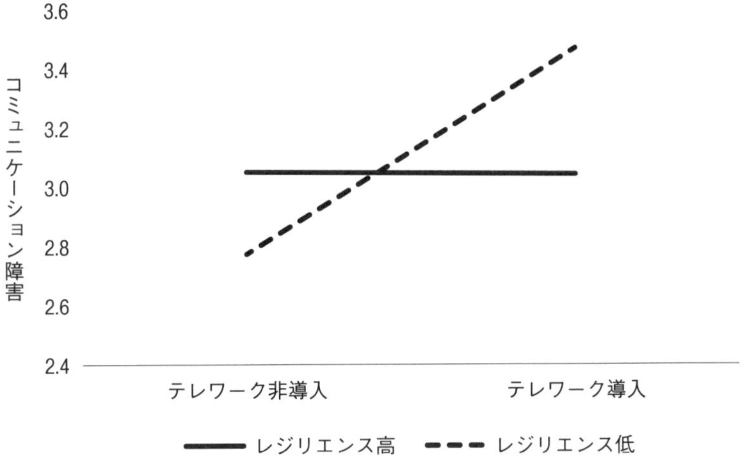

この関係を図示したものが、**図表6－3**である。組織レジリエンスの低い組織では、テレワーク導入によりコュニケーション障害の水準が非常に高くなっている。前述したテレワーク導入の弊害が強く表れているのである。これに対して組織レジリエンスの高い企業では、テレワークの導入した組織においてもコミュニケーション障害の水準に大きな変化はみられず、非導入企業とほぼ同水準になっている。以上の結果から、組織レジリエンスが高い企業ほど、新たな施策の実施によるコミュニケーション障害の増加を低減させることができることが明らかになった。

今回の調査では、8割以上の企業がテレワークを導入し、6割を超える組織で新型コロナウイルス感染症緊急対策室や在宅勤務支援室などの新たな組織が設置されていた。このような新しい施策の導入においても、レジリエンスの高い組織では、素早く組織一体となって対応することで、通常は生じる現場のトラブルを効果的に抑制することができているのだろう。

4. まとめ

以上の結果は、冒頭の日本マクドナルドの事例で見られたような、危機への対応策の事前準備が、他の組織においても見られることを示している。それだけでなく、こうした組織では、導入した施策を効果的に活用することで、今回の危機にも迅速に対応することができていた。テレワークのような人々の働き方を大きく変えるような状況にも、十分に適応することができていたのである。すなわち、レジリエンスの高い組織では、一方では危機に対しての対策を日頃から入念にしていながら、他方で外部からの危機をきっかけとして、新しい事業展開や新しい働き方を実践していっていたのである。今回の危機に効果的に対応できた企業とそうでない企業とでは、今後の事業運営のあり方自体が大きく異なるものになってしまうのかもしれない。

企業にとってのリスクは、予見しにくくなっている。景気変動や災害も予測しがたいが、今回のCOVID-19流行は誰にとっても想定外の出来事であった。このことはつまり、今後も組織により大きな変化を求める危機が起こりうることを意味している。2020年のCOVID-19流行への対応策はテレワーク導入や新たな組織の設置であったが、これ以上に組織の変化を求める危機は起こりうる。したがって、事前に予測できないリスクが存在することを念頭に入れ、どのような危機にでも対応できるよう組織レジリエンスを高めることが重要と考えられる。

（1） 日本マクドナルドホールディングス株式会社セールスリポート（https://www.mcd-holdings.co.jp/ir/sales_report/）［2020年７月10日閲覧］。
（2） 日本マクドナルドホールディングス株式会社有価証券報告書（2016年度）。
（3） 日本マクドナルドホールディングス株式会社有価証券報告書（2015年度）。
（4） 日本マクドナルドホールディングス株式会社有価証券報告書（2013年度）。
（5） 宇賀神宰司（2017）「マクドナルドＶ字復活は本物か」、日経ビジネスオンライン（https://business.nikkei.com/atcl/interview/16/090800019/090800004）［2020年７月10日閲覧］。
（6） 日本マクドナルドホールディングス株式会社有価証券報告書（2015年度）。

（7） Zolli, A., & Healy, A.M. (2012) *Resilience: Why things bounce back*, New York: Free Press.（須川綾子 訳『レジリエンス 復活力―あらゆるシステムの破綻と回復を分けるものは何か』ダイヤモンド社、2013年）

（8） 同じような問題意識を持った、それ以前の研究が第3章で説明されている「ノーマル・アクシデント」や「高信頼性組織」の研究である。これらの研究は、主に組織内の不確実性や新技術への対処の問題を扱ってきた。

（9） Linnenluecke, M.K. (2017). Resilience in business and management research: A review of influential publications and a research agenda. *International Journal of Management Reviews*, 19(1), 4-30.

(10) Sutcliffe, K.M. and Vogus, T.J. (2003). Organizing for Resilience. In Cameron, K.S., Dutton, J.E. and Quinn, R.E. (eds), Positive Organizational Scholarship: Foundations of a New Discipline. San Francisco, CA: Berrett-Koehler.

(11) 日本でも、「心理的資本」や「ポジティブ心理学」といった用語で注目されている領域である。

(12) Youssef, C. M., & Luthans, F. (2007). Positive organizational behavior in the workplace: The impact of hope, optimism, and resilience. *Journal of management*, 33(5), 774-800.

(13) Kantur, D., & Say, A.I. (2015). Measuring organizational resilience: A scale development. *Journal of Business Economics and Finance*, 4(3), 456-472.

(14) 本調査の詳細や記述統計については、第5章を参照のこと。

(15) 3項目の平均値は3.45、クロンバックのαは0.92である。

(16) 平均値の差の検定でも、1％水準で統計的に有意である。

(17) 例外的なのは、COVID-19対策室であり、高レジリエンス組織群の方が導入率は顕著に高い。しかし、この組織の必要性はCOVID-19の流行がみられてから生じたものであり、2つの組織群の間の採用率の相違は、むしろレジリエンスの高い組織が素早く対応した事実を示すものだと考えられる。

(18) 従属変数は、COVID-19によって「社員同士の意思疎通が難しくなった」、「部署間の連携がとりにくくなった」、「社員への意思伝達が難しくなった」といった状況がどの程度起こっているかを6点尺度（全くそう思わない～非常にそう思う）で尋ね、3項目の平均値を「コミュニケーション障害」（平均値：3.39、標準偏差：1.13、α：0.92）とした。

(19) テレワーク導入は、ダミー変数を作成し、新組織設置数は前項の組織施策のうち、企業が採用したテレワーク以外の施策の合計数とした。

第 7 章

統計的検証：個人レベルで求められること①

—不安やストレスを飼い慣らす—

麓　仁美　*FUMOTO Yoshimi*
服部泰宏　*HATTORI Yasuhiro*
神吉直人　*KANKI Naoto*

1. はじめに

新型コロナウイルス感染症（以下、「COVID-19」）の流行は、働く人々に不安やストレスをもたらした。ただ、それらへの対峙の仕方や受ける影響には、かなりの程度個人差があるように思われる。不安に正面から向き合う人もいれば、押し潰される人もいる。またそもそも、不安もストレスもあまり感じていないという人もいるだろう。さらには、感染症の流行という自分の力だけではどうにもできない状況下でさえ、新たな仕事のやり方や考え方に挑戦したり、人間関係を切り開いていくような人々もいる。このような差をもたらすのは、一体何なのか。

本章の関心はこうした点を明らかにし、今後到来するかもしれない感染症の時代に向けての示唆を得ることにある。より具体的には、COVID-19の流行下において、不安や仕事に関するストレスを規定するものは何であるか、また不安やストレスがある中でも、従来のルーティンの見直しや上司や同僚との関係性の構築に向けて能動的に行動できる人にはどのような共通点があるのか、ということについて検討していく。

2. コロナ禍での心理や行動を規定する要因

筆者らはリクルートワークス研究所と共同で、COVID-19が流行する状況での生活や就労の実態について、2020年4月14〜16日にインターネット上で質問票調査を行い、4,363名の就労者から回答を得た(1)。そのデータの中から、本章は、**図表7-1**にあげた諸変数を取り上げる。以下、一般に馴染みの薄い学術概念についてのみ、簡単に説明をしておく。

まず、ルーティンを見直し、必要であればそれを捨てる行動を学習棄却（アンラーニング）と呼ぶ。COVID-19の流行が人々の働き方に与えた影響は大きく、これまで拠ってきた信念や価値観、仕事のやり方が合わなくなっている可能性が高い。学習棄却は、そこで求められる行動である。

同じく能動的な行動として、関係構築にも着目する。コロナ禍は働き方だけではなく、職場の人間関係も一変させた。その中にあっても、情報共有や助け合うこと、相談し合うことにより、職場の同僚との関係性を維持・再構築しようとする行動を、ここでは関係構築と呼ぶ。

進取的性格とは、積極的かつ能動的に環境に働きかけ、それを変化させようとする行動への傾向性を指す。“進取的”はproactiveの訳である。この傾向が強い人は、物事の中に機会を見出し、その機会に対して積極的に働きかけ、自身の働きかけによって具体的な変化が起こるまで自らの行動を継続できるとされ(2)、とりわけ今日のような不確実性の高い状況下で注目されている。

同じく、ネガティブな事象の発生時にそれをくぐり抜けることを可能にする個人特性として挙げたのがレジリエンスである。天災や人災などの災害、死別や別離のような社会関係上の困難など、ネガティブな事象から立ち直った人々に共通する特性、さらには幾多の困難をくぐり抜け偉業を成し遂げた人たちに共通する特性として注目される(3)。

最後に心理的安全性とは、「率直な発言をする」、「新しいことに挑戦する」など、個人が何らかのリスクを取ることに関して、その集団は安全な場所であるという共有された信念を指す。心理的安全性の存在は、新たな挑戦をする人が周囲から受ける非難や嘲笑といった対人関係面でのリスクを最小化すること

図表7－1　概念の定義

心理	不安		COVID-19の感染拡大の局面にあって、就労者個人が感じている種々の不安。不安の向き先ごとに、社会、所属組織、家族、自分自身の4つのレベルに分けて測定し平均値を用いた
	職務ストレス		仕事環境と当該個人との相互作用、とりわけ両者の不適合によって起こる、主観的に負荷がかかった状態であり、種々の疾患の原因となりうるもの
行動	学習棄却		状況に合わなくなった信念や価値観、仕事のやり方を捨て去り、それに囚われすぎないように努める行動
	関係構築		個人が職場の同僚との関係性を維持・再構築しようとする行動。本調査では、情報共有や助け合うこと、相談し合うことで、職場の同僚との関係性を維持・再構築しようとする行動に注目した
企業の施策	企業によるCOVID-19対応の充実度		COVID-19に対しての明確なビジョンや思いの発信、情報提供、専門の組織やチームの編成、時々の対応、感染拡大の収束後のことを見据えた姿勢、資金や人員の投入、現場の裁量などの程度。8項目の平均値を用いた
	終日リモートワーク		回答者が、調査日（2020年4月14日～16日）からさかのぼって1週間のうちにリモートワークを終日実施した日数と、昨年の平均的な1週間のうちにリモートワークを終日実施した日数の差
個人特性	性格	神経症傾向	人の基本的性格特性を5次元で記述するビッグファイブの1次元であり、感情の起伏の激しさを表す。情緒不安定性
		進取的性格	積極的かつ能動的に環境に働きかけ、それを変化させようとする個人行動への傾向性
	レジリエンス		困難で脅威的な状況にもかかわらず、うまく適応する過程・能力・結果の全般を指す。心理的資本の1つ
	エンプロイヤビリティ（内的／外的）		現在の所属先も含めた幅広い企業で評価され、雇われ続けることにつながる職務遂行能力。所属組織での雇用継続に資する能力を意味する内的エンプロイヤビリティと、他の組織における、現在と同等以上の条件での雇用の獲得に資する能力を指す外的エンプロイヤビリティに分けられる
	社会関係資本（社内／社外ネットワーク）		他者から自発的な支援が得られる関係性。本調査では、その中でも社内外の人的ネットワークに注目
職場特性	役割明確性		仕事で何をすればよいかが、明確になっている程度
	上司支援		上司との交換関係（Leader-member-exchange; LMX）の良好さの一側面であり、上司が自分を支援してくれるかどうかの知覚
	心理的安全性		率直に意見を言ったり、問題点を指摘したりできる職場の風土

がわかっており[4]、コロナ禍においても、重大な影響を与えている可能性がある。

3. 分析結果と考察

不安やストレスに対して向き合ったり、うまく飼い慣らしている人とそうではない人の違いはどこにあるのか。以下で検討する、より具体的な研究課題は、①COVID-19の流行下でも、不安や職務ストレスを感じにくい人はどういう人か、②COVID-19の流行下でも、能動的に行動している人はどういう人か、③不安や職務ストレスの中で、能動的に行動している人はどういう人か、の3点である。概念間の関係を**図表7-2**に示す。

種々の企業の施策、個人特性、職場特性が不安およびストレス（心理）に与える影響を検証することで上記の研究課題①、企業の施策、個人特性、職場特性に心理変数を加えた諸要因が行動に与える影響を検証することで研究課題②、さらに、心理と一部の個人特性（性格およびレジリエンス）が行動に与える交互作用（組み合わせ）効果を検証することで研究課題③を、それぞれ検討する。分析には重回帰分析を用いた(5)。各変数の個別の分析結果については**図表7-3**を参照していただくとして、以下では主要な発見事実に絞って、分析結果を紹介していく。重回帰分析および図表の見方については、注(5)を参照いただきたい。

図表7-2　本章のモデル図

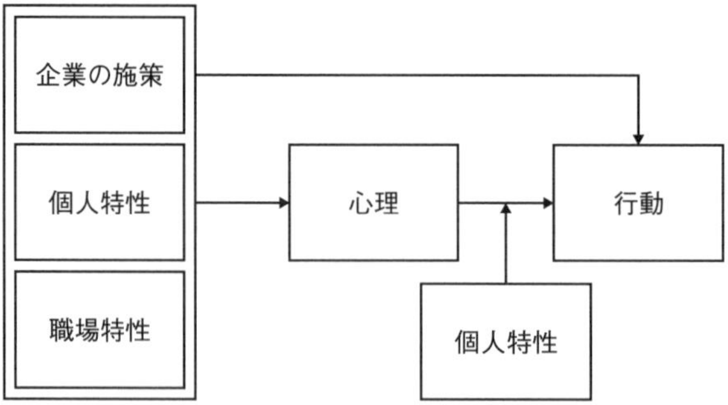

図表7－3　重回帰分析の結果

		心理		行動	
		不安	職務ストレス	学習棄却	関係構築
企業の施策	企業によるCOVID-19対応の充実度	－	－	n.s	＋
	終日リモートワーク	n.s	n.s	n.s	－
個人特性	性格_神経症傾向	－	－	n.s	n.s
	性格_進取的性格	n.s	＋	＋	n.s
	レジリエンス	－	－	n.s	n.s
	内的エンプロイヤビリティ	n.s	n.s	n.s	－
	外的エンプロイヤビリティ	n.s	n.s	＋	＋
	社内ネットワーク	n.s	n.s	n.s	n.s
	社外ネットワーク	n.s	n.s	n.s	－
職場特性	役割明確性	－	＋	n.s	－
	上司支援	－	－	n.s	＋
	心理的安全性	－	＋	n.s	＋
心理	不安			＋	＋
	職務ストレス			＋	n.s
交互作用	不安×神経症傾向			－	n.s
	職務ストレス×神経症傾向			＋	n.s
	不安×進取的性格			n.s	n.s
	職務ストレス×進取的性格			n.s	＋
	不安×レジリエンス			＋	＋
	職務ストレス×レジリエンス			n.s	n.s

*n.s：not significant. 統計的に有意な関係はない。
＋：統計的に有意に正の関係がある。　－：統計的に有意に負の関係がある。

3.1　COVID-19の流行下でも、不安や職務ストレスを感じにくい人はどういう人か

企業の施策については、「勤め先の企業のCOVID-19対応は充実している」と思っている人ほど、不安や職務ストレスを感じていない。企業による対応の内容は**図表7－1**に示したものである。企業が目に見える形で具体的対策を講

じることが従業員の不安を緩和しているということであり、先行きが不透明な状況においてリーダーがとる、具体的かつ観察可能なアクションの重要さが改めて示されたといえる。

性格などの個人特性については、まず理論的に想定されるとおり、神経症傾向の強い人は不安や職務ストレスを感じやすい(6)。注目すべきは、進取的な性格の人が職務ストレスを感じているという点である。進取的な人ほどポジティブな心理・行動を示すことはすでに実証されているが、過去の研究は総じて、日常的な仕事環境を想定したものであった(7)。こうした積極的に環境に働きかけることを好む人がストレスを抱える傾向にあるのは、コロナ禍という状況を前に、個の能力や努力では如何ともしがたいものを感じているということなのかもしれない。

対して、レジリエンスが高い人は、不安も職務ストレスも感じにくい。困難な状況に適応する能力はコロナ禍においても発揮され、不安や仕事に関するストレスを軽減している。

次に、職場特性（役割明確性・上司支援・心理的安全性）は、それぞれが不安や職務ストレスに関わっていた。まず、上司からの支援を受けている人ほど不安・職務ストレスを感じにくいという結果は、先行研究とも一致する(8)。常日頃のやり取りの中で、「上司が守ってくれる」という認知を育んでおくことが、有事の際の不安やストレスを和らげるのである。

役割明確性は不安を弱める一方で、職務ストレスを強めていた。不確実性の高いコロナ禍においても、役割が明確であることで「何をすればよいかわからない」という不確実性に由来する不安が減ることは想像に難くない。興味深いのは、役割明確性の職務ストレスに対する正の影響である。個々人の役割がはっきりしているということは、役割遂行のための努力や結果責任が一人ひとりに求められることを意味する。各自が「すべきこと」が、厳然たる個人の責任として働く人々に要求される。そのことが、職務ストレスの増加につながっているのかもしれない。

職場に対する心理的安全性についても役割明確性と同様の結果が得られた。そのうち、不安との関係は「高い心理的安全性 → 対人関係上のリスク低減 → 不安の低下」というメカニズムで理解できる。コロナ禍でも、対人関係面でのリスク知覚が人を不安にさせることは容易に想像できるが、そこに心理的安全性があればその不安は緩和されるのである。

注目すべきは、その心理的安全性が職務ストレスを強めるという結果である。この場合に考えられるのは「高い心理的安全性 → 周囲のメンバーの挑戦 → ストレスの増加」という経路である。近年の研究により、心理的安全性は情報共有や学習行動を促進する一方で、新規性の高い活動、たとえば積極的な発言行動や創造性の発揮に対しては、必ずしも強く影響しないことがわかっている(9)。挑戦へのリスクが下がることと、実際に挑戦することは必ずしも一致しないのである。むしろ、心理的安全性の高い職場で一部のメンバーが新たな挑戦をした場合、それが新たな一歩を踏み出せない人にとっては強いプレッシャーとなる可能性がある。積極的に変化に挑んでいる同僚の姿がストレスにつながったとしても不思議ではない。また、率直な意見や問題点の指摘がしやすい状況そのものが、ストレスをもたらす可能性もある。心理的安全性の高い職場とは、互いに厳しい意見を言い合う職場でもあるからである。

3.2　COVID-19の流行下でも能動的に行動している人はどういう人か

次に、企業の施策、個人特性、職場特性に心理変数を加えた諸要因が、学習棄却と関係構築という能動的行動に与える影響を検証する。まず、COVID-19の影響下でも、学習棄却行動を取れたのはどのような要因を背景とする人たちであったのか。

企業の施策（企業によるCOVID-19対応の充実度・終日リモートワークの実施）と職場特性（役割明確性・上司支援・心理的安全性）について、学習棄却への影響は見られなかった。これらは個人の不安を和らげ、ストレスフリーに働く基礎条件を提供するが、学習棄却のように大きなエネルギーを要する活動へと人々を向かわせる要因にはなり得ないということだろう。

学習棄却には、個人の性格、そして不安や職務ストレスが影響していた。まず進取的な性格を持つ人ほど学習棄却を行っている。日常的な状況だけでなく、COVID-19の流行下にあっても、進取的な人々は不都合な信念や価値観、機能していない仕事のやり方の見直しができているようである。

不安と職務ストレスの学習棄却への正の影響は興味深い。不安やストレスは、それを抱えた当人にとって、不快で、一刻も早く解消したいものに他ならない。しかし他方で、不安やストレスのポジティブな側面が、先行研究で指摘されている。たとえばモティベーションの研究では、報酬への期待や楽しさといったポジティブなものだけでなく、認知的不協和や不安の解消のようなネガティブさに由来するものが、個人のモティベーションを規定することが指摘されている[(10)]。主観的にはネガティブな存在である不安やストレスには、それらが適度なものであれば、むしろ人々を積極的行動に向かわせる力がある。これに類する現象がコロナ禍の状況で見られたということに、大きな希望があると我々は考える。この点については、改めて議論したい。

次にもう１つの行動、関係構築について見ていく。まず、所属企業によるCOVID-19対応が充実しているほど、人々は関係構築をしている。組織としての明確な方針が定まり、コロナ禍で働くためのインフラが整備されていれば、人々は自身の時間や注意といった資源を、新たな活動へと振り分けるだけの余裕が生まれるはずである。こうした資源余剰が関係性の維持・形成に影響しているのだろう。

職場要因も関係構築に影響を与えていた。まず、上司からの支援が多い職場や心理的安全性が高い職場に所属している人ほど、関係構築を行っている。企業からの支援と同様、上司からの支援や職場の心理的安全性もまた、人々が自身の時間や注意といった資源を、新たな活動へと振り分けるだけの余裕を生んでいるということである。このような職場では、すでに人々がある程度の人間関係を構築しているだろうから、人々は、一度獲得した資源を維持し、さらに豊かにしたいという動機を持っている可能性も高い。

それに対して、仕事における役割が明確である人ほど、関係構築行動をとっていなかった。業務上の目標がはっきりしている人は、目標理解のため新たに関係を形成・維持する必要がないのかもしれない。または、他者の業務との境界線が明確であるために、周囲との関係を気にせずとも、自身の業務を遂行できると考えているという理由も考えられる。

最後に、不安や職務ストレスと関係構築との関連について、学習棄却には双方が正の影響を与えていたが、関係構築に対しては不安のみの影響が確認された。職務ストレスはこれまでのやり方の見直しや新たな挑戦にはつながるが、新たな人間関係の構築にはつながらない、という結果である。安心やさまざまな情報を得るべく、我々は他者と関わる。ただし、他者との関わり自体がストレスの源泉になることもあり(11)、そのことは多くの人が経験を通じて理解している。不安と職務ストレスが学習棄却および関係構築に与える影響は、人々が持つこうした予期によって理解できるのではないだろうか(12)。

3.3　不安やストレスの中で、能動的に行動している人はどういう人か

不安や職務ストレスが行動を引き起こすエネルギーになり得ることが垣間見えた。とはいえ、そもそもこれらはネガティブな感情であり、すべての人を行動へ導くとは限らない。ここでは、不安・職務ストレスと神経症傾向・進取的性格・レジリエンスの交互作用（組み合わせ）の効果に注目し、不安やストレスをエネルギーに変えながら、能動的な行動を取っている人たちの個人特性を検討していく。

まず、行動への直接的効果が示されなかった神経症傾向であるが、この強弱は不安と学習棄却の関係に影響していた。不安が学習棄却に対して与える影響は、神経症傾向が弱い人において特に強く、逆に、神経症傾向が強い人においては弱くなるのである。不安は確かに学習棄却につながるものの、情緒不安定な人にとっては、不安のエネルギーを学習棄却に変換することが難しい、という結果である。

進取的性格と職務ストレスは、それぞれ単独では関係構築に影響しないが、これらが組み合わさることの効果が見られた。具体的には、進取的性格が強い人ほど、職務ストレスが関係構築に与える影響が強くなる。ストレスを抱えていること自体はさらなる関係性の構築につながらないが、積極的かつ能動的に環境に働きかけ、それを変化させようとする人たちは、仕事に関するストレスを新たな行動のエネルギーの源泉にしているのである。

最後に、レジリエンスが、不安と学習棄却、および不安と関係構築の関係に影響を与えていた。まず学習棄却について、レジリエンスの高い人の方が、不安の影響が大きい。これは、困難な状況に適応する能力を持つ人ほど、不安を学習行動の原動力としてうまく活かしていることを表す。

関係構築については、レジリエンスの高い人は、不安が増すほど関係を構築

している一方で、レジリエンスが低い人は、不安がむしろ負の影響を与えるという逆の影響関係が見られた。困難な状況に適応する能力を持つ人は、不安のエネルギーに駆り立てられて関係構築へと向かっているが、それが低い人は、むしろ、不安によって関係構築行動が妨げられてしまっている、という結果である。

4. おわりに

コロナ禍という危機が、働く個人に対して、不安やストレスという形で暗い影を落としたことは間違いない。これらが個人にとってネガティブな感情として経験されていることもまた、事実であろう。多くの人が「不安から逃れたい」、「できることならストレスなど感じることなく生きていきたい」と考える。さらに、こうしたネガティブな感情が、巷でいわれる「自粛警察」のような自己防衛的態度・行動を生み、互いの不信感やひいては社会の分断にまでつながる可能性もないわけではない。コロナ禍は、こうした意味での不安やストレスを、働く人々に対して確かに与えている。

しかし希望もある。本章でみられたように、社会全体に不安が蔓延する中でも、自分を見失うことなく、やるべきことを着々と遂行する人がいる。本章で確認されたのは、一部の人はそれにとどまらず、抱えた不安やストレスを受け容れ、それらがもたらすネガティブなエネルギーを学習棄却や関係構築といったポジティブな行動に向かう力に変換しているということである。前述のように、人々のモティベーションが、報酬への期待や楽しさといったポジティブな要因だけでなく、不安の解消のようなネガティブな要因によっても規定されることが指摘されてきたこと(13)(14)、またイノベーション研究においては、組織内ポジション的にもリソース的にも恵まれない辺境からイノベーションが生まれるということが繰り返し指摘されてきたことを(15)、我々は改めて思い出すのである。コロナ禍に見舞われた現在の日本企業の中には、通常以上に多くのエネルギーが充填されているかもしれないという可能性を、こうした研究は教えてくれる。

ただし、我々のデータが示すもう１つの事実として、すべての人が不安やストレスをポジティブな行動に活かしているわけではないということも、忘れてはならない。社員にとってネガティブな感情である不安やストレスを最小化しつつ、それでも生起してしまうそうした心理状態を、ポジティブな行動に向かうエネルギーへと人々が変換できるように仕向けることが、企業や職場が果たすべき重要な役割なのである。不安やストレスの発生それ自体は避けられないとして、これらをいかに「飼い慣らす」か。この視点こそ、いま我々に必要なのではないだろうか。

（１）　COVID-19の拡大が見られ始めた2020年３月の時点で調査を開始し、５月上旬にその結果を明らかにした。具体的な手続きや発見事実については、次の文献を参照されたい。江夏幾多郎・神吉直人・高尾義明・服部泰宏・麓仁美・矢寺顕行（2020a）「新型コロナウイルス感染症の流行への対応が、就労者の心理・行動に与える影響」『Works Discussion Paper』31。江夏幾多郎・神吉直人・高尾義明・服部泰宏・麓仁美・矢寺顕行（2020b）「新型コロナウイルス流行下で就労者や企業が経験する変化―デモグラフィック要因の影響―」『神戸大学経済経営研究所 Discussion Paper Series』DP2020-J08。

（２）　Seibert, S.E., Crant, J. M., & Kraimer, M.L. (1999). Proactive personality and career success. *Journal of Applied Psychology,* 84(3), 416-427.

（３）　Luthans, F., Youssef, C.M., & Avolio, B.J. (2015). *Psychological capital and beyond.* Oxford University Press.（開本浩矢・加納郁也・井川浩輔・高階利徳・厨子直之 訳『こころの資本：心理的資本とその展開』中央経済社、2020年）

（４）　Edmondson, E. (1999) "Psychological safety and learning behavior in work teams," *Academy of Management Journal,* 44(2), 350-383.

（５）　ある結果（従属変数）を複数の要因（独立変数）で予測するための統計分析手法。図表７－３において、＋は両者の間の正の影響関係、－は負の影響関係、n.sは両者の間に統計的に有意な関係が見られなかったことを表す。たとえば、企業によるCOVID-19対応の充実度と不安の交点にある「－」は、企業によるCOVID-19対応の充実度と不安の間の負の影響関係（COVID-19対応が充実しているほど、不安が弱まること）を示している。

（６）　Costa Jr, P.T., & McCrae, R.R. (1995). Domains and facets: Hierarchical personality assessment using the Revised NEO Personality Inventory. *Journal of Personality Assessment,* 64(1), 21-50.

（７）　同脚注（２）。

（８）　Thomas, C.H., & Lankau, M.J. (2009). Preventing burnout: The effects of LMX and mentoring on socialization, role stress, and burnout. *Human Resource Management,* 48 (3), 417-432.

(9) Frazier, M.L., Fainshmidt, S., Klinger, R.L., Pezeshkan, A., & Vracheva, V. (2017). Psychological safety: A meta-analytic review and extension. *Personnel Psychology*, 70 (1), 113-165.

(10) 金井壽宏（2016）『働くみんなのモティベーション論』日経ビジネス人文庫。

(11) Almost, J., Doran, D.M., McGillis Hall, L., & Spence Laschinger, H.K. (2010). Antecedents and consequences of intra-group conflict among nurses. *Journal of Nursing Management*, 18(8), 981-992.

(12) 図表7－3にあるように、その他にもいくつかの興味深い発見が見られたが、紙幅の都合によりすべての紹介は叶わない。たとえば、外的エンプロイヤビリティが高い人が学習棄却と関係構築を行う傾向があること、内的エンプロイヤビリティの高い人は関係構築を行えていないこと、などである。これらについては、機会を改めて検討したい。また、終日リモートワークの日数が昨年よりも増加している人ほど関係構築をしていなかった。COVID-19の流行下におけるリモートワークの導入については、次章を参照されたい。

(13) Festinger, L. (1957). *A Theory of Cognitive Dissonance*. Stanford University Press.（末永俊郎訳『認知的不協和の理論：社会心理学序説』誠信書房、1965年）

(14) 同脚注(10)。

(15) 伊丹敬之・加護野忠男（2003）『ゼミナール経営学入門』日本経済新聞社。

第 8 章

統計的検証：個人レベルで求められること②

―働き方の変化をどう活かせばよいか：リモートワークを事例に―

江夏幾多郎 *ENATSU Ikutaro*

1. 本章の目的

新型コロナウイルス感染症（以下、「COVID-19」）の流行は、働き方の変化にも大きな影響を及ぼしている。特に、多くの就業者が、リモートワーク（テレワークあるいは在宅勤務）を継続的に行うようになった。

リモートワークについてはその功罪の両面が指摘されてきた。**図表 8－1** にその一例を示した。ただ、不特定多数の人々との接触を避けられるという意味で、COVID-19への感染リスクを下げられることについては異論ないだろう。たとえ望ましくない側面があったとしても、リモートワークを働き方の選択肢から排除することは、極力避けられるべきである。とはいえ、生産職や営業職など、生産設備や顧客、同僚と濃密に関わる「現場」での活動が必要で、リモートワークがそぐわないとされがちな職種がある。しかし昨今、こうした職種を対象としたリモートワーク導入の事例もある(1)。

この章では、筆者が行った調査のデータに対する統計的な解析を通じて、COVID-19流行下の職場におけるリモートワークの実態について検討する。まず、所属する組織や従事する職務の特徴など、どのような状況にある就業者がリモートワークに従事しやすいかについて述べる。次に、リモートワークが就

図表8-1　リモートワークのメリット・デメリット

	メリット	デメリット
企業にとって	・従業員の通勤ストレスや感染リスクを軽減できる ・従業員の多様な就労ニーズに応えることで、組織内の多様性が向上する ・不要な業務や社内外での調整が削減できる	・システムの導入と整備に、手間や費用がかかる ・職場でないと行えない活動がある ・濃密なメンバー間の相互作用が行われにくくなり、暗黙知ベースの知識創造が行いにくい
就業者にとって	・必要な時に必要な人や情報にアクセスできるため、作業の効率化が進む ・仕事と仕事外の生活の断絶がなくなり、双方への満足度が高くなる ・通勤ストレスや感染リスクを軽減できる	・不慣れな従業員の成果が出なくなる ・個室や安定的な通信環境の確保が難しい場合、作業効率が落ちる ・孤立感や運動不足などから、心身に支障をきたす ・上司に自分の成果を適切に評価されなくなる ・上司に過剰に管理・監視されてしまう ・仕事と仕事外の生活のメリハリがつきにくくなり、共倒れになる

業者の仕事上の心理や行動にどのような影響を及ぼすのかについて検討する。最後に、リモートワークのメリットをより引き出し、悪い影響を抑えるために必要なことについて示す。

なお、リモートワークそのものは決して新しいものではない。インターネットが普及したこの四半世紀にかけて徐々に普及し、その功罪についても長らく論じられてきた。特に日本では、この数年の「働き方改革」の流れの中、大企業、外資系企業、情報系の企業など、一部の企業が積極的に導入してきた。昨今のリモートワークの普及は、こうした過去の流れを受けながら、COVID-19の流行という環境変化により加速化したものである。

2. 何がリモートワークを促進するか

本章も前章と同じく、筆者らがリクルートワークス研究所と共同で実施したアンケート調査（2020年４月14～16日、回答者4,363名）の回答に基づいている[2]。

この調査では、COVID-19の流行により、多くの就業者がリモートワーク日

図表 8－2　リモートワーク（終日）の週当たり日数

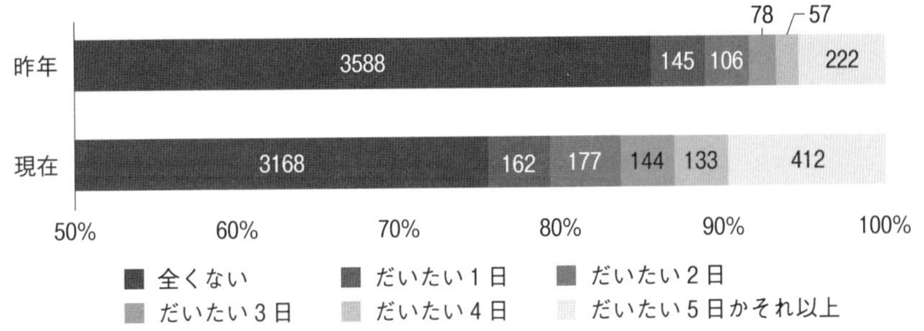

数を増やしていることが明らかになった。具体的には、2019年12月の時点で週あたり約0.46日であったのが、2020年４月には約0.84日（約0.38日増）となっている（**図表 8－2**）[3]。

それでは、どのような属性の人、就業環境下にある人が、リモートワーク日数を増やす傾向にあるのだろうか。リモートワーク日数に影響する要因は複数あると考えられるため、重回帰分析と呼ばれる解析手法を用いて、19年12月から20年４月までの間でのリモートワーク日数の増加に特に寄与した可能性がある要因を特定した[4]。

図表 8－3 に示された結果からは、リモートワーク推進のしやすさの面で、業種や職種による偏りがあることがわかる。ここに挙げられていない業種や職種の就業者は、リモートワークが導入される傾向が弱く、従来どおりの通勤や職場勤務を回避しにくいのである。また、感染リスクが高い地域で生活や仕事に従事する人々ほど、リモートワークを増加させている。就業者の自己選択に加え、所属企業による対策の結果が分析に表れていることが垣間見える。

企業によるさまざまなCOVID-19対策のうち、特に就業者のリモートワーク増加に寄与する要因は、「状況に即した柔軟な対処」と、「対策のための現場への裁量付与」であった（**図表 8－3** の８と９）。単なるスローガンや情報開示だけでなく、実際に現場の問題解決につながるような行動を取ったり、現場の人材に権限を与える柔軟性を有したりする企業が、その一環として所属社員のリモートワークを促すのであろう。

図表8－3　リモートワーク増加に寄与する要因

1．情報通信業に所属	2．所属企業の規模	3．大卒以上	4．営業職に従事
5．技術職に従事	6．7都府県で活動	7．都市部で活動	
8．企業の対応：状況に即した柔軟な対応		9．企業の対応：現場への裁量付与	

備考1：「7都府県」では、全国に先駆けて緊急事態宣言が発令された。埼玉県、千葉県、東京都、神奈川県、大阪府、兵庫県、福岡県を指す。
備考2：活動（就労および生活）が都市部で行われているか否かについては回答者の自己申告に基づく。

もっとも、リモートワークの増加に対して最も関わりを持つ要因は、昨年時点でのリモートワーク日数であった。具体的には、昨年時点でリモートワークをまったく行っていなかった就業者はこの4カ月間でリモートワーク日数を増やす傾向にあった（平均で週当たり約0.51日）。その反面、昨年時点でリモートワークを週1日以上していた就業者はこの4カ間でのリモートワーク日数を減らす傾向にあった（同、約0.37日）。

昨年時点でリモートワークを週1日以上していた就業者（608人）のうち、最も頻繁に観察されるのは、4カ月後も同様の日数でリモートワークに従事するという回答であった（350人、57.57％）。その次に多く観察されたのが、リモートワークを完全に行わなくなったというものであった（88人、14.47％）。

一部の就業者がリモートワークをやめた背景について、解釈を試みたい。彼らは昨年時点では何らかの理由で、所属企業の認可の下でリモートワークを行っていた。その理由は今年に入って解消し、職場に復帰した。そして、もともと彼らのリモートワークを認めてきた企業は、COVID-19が流行する中、全社的にリモートワークを認めなくなった。緊急事態において職場の結束や業務の効率性を保つため、保守化しているのかもしれない。

3．就業上の心理や行動への影響

COVID-19の流行に伴うリモートワークの導入によって、就業時間が延びたという報告がしばしば見られる。しかし、この種の報告においては（1）就業時間に影響する他の要因の影響を考慮に入れていない、もしくは（2）職場や客先での活動に加えて通勤を就業時間にカウントしていない、という問題がある。

我々の分析結果では、もともとリモートワークに多く従事している就業者ほど就業時間が短くなる傾向が見られた。また、リモートワークを増やした人ほど就業時間が短く、さらには就業時間の減少分が大きくなる。あるいは、増加分が小さくなる。つまり、通勤時間も含めると、リモートワークは明確に「時短」に貢献している[5]。読者の中には、通勤時間を就業時間に含めて考えることに違和感を覚える向きもあるかもしれない。しかし、通勤時間は余暇や自由な活動のための時間ではなく、仕事に準ずるものである。リモートワークが通勤時間と就業時間を短くすることで、就業者の負荷のうち、ある側面を軽減させていることは確かだろう。

リモートワーク関連の変数以外で就業時間に影響しうる要因についてまとめたのが**図表8－4**である。このうち、企業全体や職場の経営に関する要因について詳しく述べる。

まず、情報通信業、卸売・小売業、医療・福祉業といった業種に所属「しない」人々が、就業時間を減らしていた。逆にいうと、これらの業種に所属する人々は、COVID-19の流行に伴う社会全体での生活環境や就業環境の変化に対

図表8－4　就業時間に影響する要因（リモートワークを除く）

20年4月の就業時間が短くなりがちな人々の特徴	19年12月から20年4月で就業時間をより多く減らした（より少なく増やした）人々の特徴
・女性 ・在籍年数の短さ ・飲食・宿泊業に所属しない ・企業規模の小ささ ・非正社員 ・外向的な性格 ・神経症傾向の性格 ・他者に影響されない業務プロセス ・業務上の役割の曖昧さ ・心理的安全性の高い職場に所属	・女性 ・年齢が若い ・7都府県で活動 ・情報通信業に所属しない ・卸売・小売業に所属しない ・医療・福祉業に所属しない ・心理的安全性の高い職場に所属

応する結果として就業時間を増やしていた。入院患者や治療患者への対応のため、医師や看護師の業務量が大いに増えたなどといったことが広く報道されているが、それを裏付ける結果である。

心理的安全性や各人の業務上の独立性の確保といった、職場の風土や体制を整えることも、「時短」に繋がる。心理的安全性の高い職場は、相互信頼関係を前提に職場の人々が言いたいことを言える、などといった特徴を持つ。こうした職場では、想定外の状況にどう対応するかについて、より多様な意見や本質的な結論が出やすく、そのことが業務効率の向上につながるのだろう。また、業務上の独立性が高いと、同僚の仕事の進捗に足を引っ張られる可能性が低くため、「時短」につながるのだろう。反面、役割が曖昧な就業者の就業時間が短くなるのは、緊急事態に積極的に対応するための機会が与えられず、あるいは自ら探索せず、限られた範囲の仕事しかしなくなったからかもしれない。

もっとも、就業時間を減らすこと必ずしも就業者にとって幸せで、好ましいことだとは限らない。COVID-19の影響下で活動を自粛し、やむなく仕事を減らした人もいるだろう。そこで、リモートワークの実施が就業者の心理や行動に与える影響について検討した。ここで対象とする心理は、感染リスク知覚、不安感、孤立感、行動は両利き行動と職場内の関係構築行動である。これらのうち、両利き行動は耳慣れないかもしれない。これは、新たな仕事領域に挑むなどといった「探索」と、既存の仕事の失敗を減らし効率性を高めようとするなどの「深化」の双方を同時に追求する行動を意味する。

分析の結果、リモートワークから就業者の心理や行動への影響は部分的なものであった（**図表8－5**）。顕著に観察されたのは、リモートワークの従来の日数と増加分が多い就業者ほど、COVID-19への感染リスクを知覚しないことである[6]。また、リモートワークを昨年と比べて増やした就業者ほど、より強

図表8－5　リモートワークが就業上の心理や行動に与える影響

結果変数	感染リスク知覚	不安感	孤立感	両利き行動	職場内の関係構築
過去のリモートワーク日数	抑える	影響なし	影響なし	影響なし	影響なし
リモートワーク日数の増加分	抑える	影響なし	高める	影響なし	抑える

い孤立感を知覚したり、周囲との関係構築を行いにくくなっていることである[7]。そして、職務上の業績に直接的に影響を与えるような両利き行動や不安感に対して、リモートワークは促進も阻害もしない。

少なくとも現時点では、リモートワークは就業者の心理や行動をより積極的なものにするとは言いにくい。それと同時に、明らかに阻害しているとも言い難い。とくに、もともとリモートワークで行ってきた、それに慣れた就業者に、それは当てはまる。しかし、こうした経営上の有用性や経済性以前に、リモートワークは従業員の安全性を高める。リモートワークを推進する一定の必然性が見出された以上、そのポテンシャルを活かすため、他の経営管理施策との組み合わせを検討する必要がある。この点に関する発見事実の一部を、次の節で検討する。

4. リモートワークを活かす経営管理

リモートワークは、就業者のCOVID-19感染リスクを抑えるものの、就業上の心理や行動をより好ましいものにするとは限らない。リモートワークの肯定的な側面を活かし、否定的な側面を抑制するには、企業としてどのような状況設定を行えばいいのだろうか。追加的な分析の結果、リモートワークの活かし

図表 8-6　リモートワークを活かす経営管理

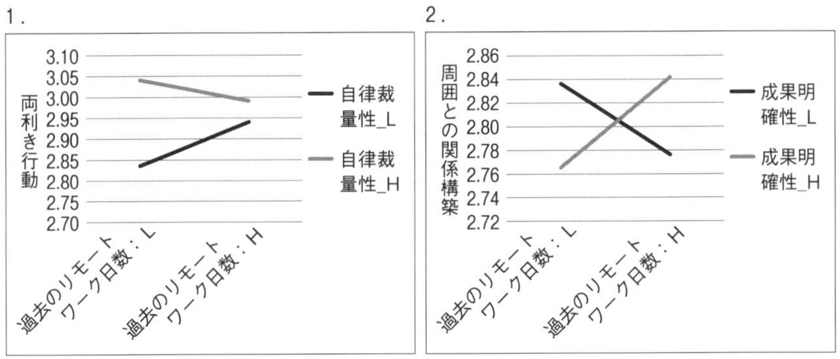

方について示唆が見出された[8]。

たとえば、自律性/裁量性が低い職務に従事する就業者について言えば、過去のリモートワーク日数が多い者ほど、COVID-19が流行する状況下で、両利き行動（「探索」と「進化」の同時遂行）に励む傾向がある（**図表8－6**の1）。一般的に、就業行動は組織上の制約を大きく受ける。そのため、自律性/裁量性が低いほど、両利き行動をとりにくい。しかし、リモートワークという、その活用法が未だ確立されていない業務用式の下では、そうした制約から部分的に開放され、就業上の挑戦や工夫をする余地が生まれるのだろう。逆に、自律性の高い就業者が色々と挑戦や工夫をする場としては、バーチャルな職場よりはリアルなそれの方が依然として可能性を知覚されやすいようだ。

また、成果目標が明確な業務に従事する就業者について言えば、過去のリモートワーク日数が多い者ほど、周囲との関係構築に励む傾向がある（**図表8－6**の2）。成果目標が明確になることで、目標達成のために誰と協働すべきかについてより意識するようになる。リモートワークの状況下では、従来のリアルな職場だと自然に行われるような対人関係構築が難しくなるため、必要な人との積極的な関係構築が促されるのだろう。

5. リモートワークを活かす就業者

どのようなパーソナリティや人的資本（知識・能力・技能）を持つ就業者がリモートワークを積極的に活かしているかについても、いくつか傾向が見出された。

まず、ビデオ会議システムといったオンライン業務ツールに習熟した就業者についていえば、COVID-19下でリモートワーク日数を増やす者ほど感染リスク知覚を弱める傾向がある（**図表8－7**の1）。リモートワークの進展が就業者のストレスを高めるという報告がしばしばなされるが、そうした働き方への慣れや親和性によっては、逆にストレス低下要因となることが窺える。

次に、神経症傾向のパーソナリティが弱い、すなわち、物事にうろたえにくく冷静に考える傾向が強い就業者についていえば、過去のリモートワーク日数

図表8-7　リモートワークを活かす就業者

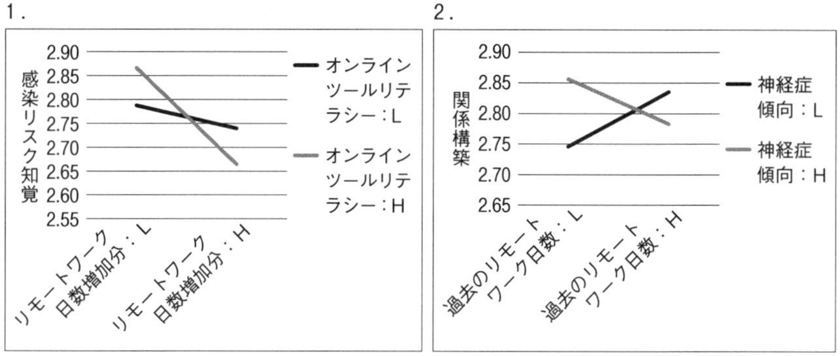

が多いほど周囲との関係構築に従事する傾向がある（**図表8-7**の2）。リモートワークについては、まだ新規性の高い取り組みであるため、その実効性について十分な確信を持たれにくい。そうであるからこそ、神経症傾向のパーソナリティが弱い就業者はその実効性を高めるため、リモートワークに深く従事するほど、周囲との関係構築にも努めるようになる。反面、同傾向の強い就業者は、新たな状況にうろたえてしまい、ある種の思考停止に陥っているのかもしれない。

6. 発見事実の示唆

これまで見てきたように、COVID-19流行初期（2020年4月まで）の段階では、リモートワークが「働き方の1つの選択肢」さらには「基本的な働き方」となった就業者も少なくないものの、その広がりは限定的であった。多くの就業者や彼らを雇用する企業が、「この仕事はリモートワークに向かない」、「リモートワークによって失われるものが多い」と考えている。彼らにとってのリモートワークは、緊急事態で従来の働き方ができなくなった時の、使い勝手が良くない一時凌ぎの策なのである。

こうした見方が正しいかどうかは一概には言えず、リモートワークを活かせる条件を試行錯誤的に見出すべきだというのが、著者の主張である。リモートワークを導入することにも遠ざけることにも、損益の双方が存在する。就業者個人にとっては、リモートワークによって自分のペースで仕事がしやすくなる反面、仕事上関わりを持つ人々の顔が見えないことや家庭等の事情によって仕事のペースがつくりにくくなるということがあるだろう。また、企業にとっては、リモートワークを導入しない、あるいは撤廃することで、大きな変革を行うためのコストを節約することはできるものの、就業者の通勤ストレスや感染リスクの上昇や、自律的な働き方を望む就業者の意欲低下を招きかねない。

そこで重要になるのは、企業または就業者個人が、リモートワークの利活用によって生じるさまざまな損益を単にリストするだけでなく、優先順位をつけることであろう。就業者、つまり自分自身や企業として雇用する人々の生命上のリスクに配慮することは重要であるし、たとえリモートワークを導入できなくても、それに対する何らかの補償や代替的な支援が必要になる。「今までのやり方を変えると経営／仕事が持たない」ということは、短期的には当てはまるかもしれないが、活動の持続性の観点からは疑問符がつく。もちろん、リモートワークの導入や定着に必要な予算や知恵は、一企業の内部で賄えるとは限らない。産学でのノウハウの蓄積や展開、さらには行政による政策的支援のあり方についてのデザインが、即急に実施される必要がある。

(1) https://www.jiji.com/jc/article?k=2020070200876&g=eco（閲覧日時：2020年7月5日）
(2) 調査の経緯や内容の詳細は、以下の報告書を参照していただきたい。江夏幾多郎・神吉直人・高尾義明・服部泰宏・麓仁美・矢寺顕行（2020）「新型コロナウイルス感染症の流行への対応が、就業者の心理・行動に与える影響」Works Discussion Paper（リクルートワークス研究所）No.31, pp.1-120。江夏幾多郎・神吉直人・高尾義明・服部泰宏・麓仁美・矢寺顕行（2020）「新型コロナウイルス流行下で就業者や企業が経験する変化―デモグラフィック要因の影響」RIEB Discussion Paper Series（神戸大学経済経営研究所）(DP2020-J08), pp.1-83。
(3) ここでは、各選択肢の「だいたい」を考慮に入れずに整数に換算したうえで、「5日かそれ以上」を「5日」に換算した。
(4) 重回帰分析は、ある結果（従属変数）を複数の要因（説明変数）で予測するための統計分析手法。ここでは、リモートワーク日数の増分と1％水準以下で有意な相関を持つ要因を紹介した。一般的には統計的に有意な相関があると見なせても、図表8-3で示された変数群よりもリモートワーク日数の増分との相関が低い変数については、紹介を割愛している。

（5） すべて、5％水準の有意性。

（6） 過去のリモートワーク日数による影響が5％水準、日数の増加分による影響が0.1％水準の有意性。

（7） 孤立感と5％水準、関係構築と0.1％水準の有意性。

（8） 原因変数と結果変数の関係に対する状況要因に関する変数の調整効果が強い有意水準（1％以下）を示すものを紹介した。

第 9 章　感染症時代の経営の諸側面①

—地方都市・中小企業におけるコロナの影響—

藤本昌代　*FUJIMOTO Masayo*

1.「予期できない」不安の中で意思決定する経営者

コロナ禍で我々は、これまでの行動規準が通用しないものになり、また、先行きが予測できない状況の中、特に第一波の時には大きな不安の中にいた。国内外の新型コロナウイルス感染症（以下、「COVID-19」）の罹患者数、死亡者数や各地の状況は、我々に大きな衝撃と恐怖を与えた。最初に疫学的に生命への大きな不安に包まれ、次に、それにより、我々の日常は停止し、働くことも親しい人々との交流も直接的なものは困難な状況になり、社会活動、経済活動が著しく影響を受けた。人は「予期ができない」状況に置かれると、どのようにしたらよいのか見当がつかなくなり、不安を抱く。これは体力のない中小企業に限らず、大組織や高学歴層の人々にも起こる。パンデミックという、このような巨大な社会現象ではなくとも、組織の合併、構造改革、制度改革などの大きなルールの変更がなされると成員は情報不足の中、大きく混乱する（藤本 2005[1]; 2008[2]）。

S. De Graziaは、目標の喪失、崩壊感などの不安感に苛まれる自己疎外の精神状態を個人レベルのアノミーと呼び（De Grazia 1948=1996: v[3]）、E. Durkheimは革命時に人々が陥った混乱について連帯性のない社会の窮状をアノミーと呼び、人々が連帯することで生まれるルール、有限性に守られていることを指摘している（Durkheim 1897=1968[4]）。我々はすでに取得している行動基準が意味を失った時、拠り所のなさ、情報の多義性や不確実性に不安を覚え、より多くの情報を収集しようとするだろう。ネット社会である現代、社会関係資本が弱体化し（Putnam 2000=2006[(5)]）、危機的状況の中で社会に１人で対峙しなければならない「剝き出しの個人」（Durkheim 1897=1968）になる危険性と背中合わせの中にいる。コロナ禍ではマスメディア、ネットニュース、SNSなどで大量の情報が飛び交っていたが、情報が大量にあっても、何に依拠すればよいのかわからない時、それは個人の意思決定に役立たなくなる。

経済危機時の中小企業の生存分析では、企業規模が小さいほど厳しい状況にあることが示されており（Simón-Moya et al. 2016[(6)]）、生き残るうえで、人々の連帯や依拠できる情報への近接は非常に重要になる。中小企業の場合、大企業のような大きなバッファはなく、分業体制も規模が小さく、１人がいくつも仕事を兼務していることも少なくない。業務停止になった場合、たちまち事業が立ちいかず、１社だけでは高いレジリエンス（回復力、耐性）をもつのは厳しいだろう。本章ではコロナ禍において中小企業に何が起こっていたのか、また、経営者の行動や意識はどのような状況だったのかということについて、地方都市のケースとして京都市の中小企業について検討する。本章の構成は以下のとおりである。第２節では量的調査データから、企業のダメージ、情報不足、就業状況、そして情報不足と不安の関係について示す。第３節では緊急事態宣言解除後の経営者へのインタビューから、彼らの深刻な状況と立ち直ろうとする姿勢について示す。第４節では小括を述べる。

以下では、中小企業の経営者たちが、日本中に不明瞭な情報しかなく、大きなダメージを受け、同胞が廃業する辛さを経験しつつ、不安に苛まれる中、意気消沈したままで終わらず、不確実性の中で意思決定をし、危機的状況にあっても信頼関係を重視し、数カ月の間に前向きに進もうとする姿を描いている。中小企業の経営者の矜持と行動は日本の経済基盤を支えるレジリエンスであるが、彼らには大企業ほどの体力がないため、公的支援の存在が不可欠であることも示す。

2. コロナ禍における京都市の中小企業

2.1　調査概要および分析視点

京都市の中小企業への調査は緊急事態宣言下の2020年４月27日～５月22日にオンライン・アンケート方式で実施された[7]。京都市の中小企業には伝統産業が多く、また、創業年の古い企業が他地域に比べて回答者に多く含まれることが特徴として挙げられる。回答企業は個人自営業（家族従業員を含む）から300人未満の中小企業であり、データの構成は製造業、卸・小売業、飲食・宿泊業を含むその他の業種がそれぞれ３分の１ずつである[8]。回答者はすべて社長職に就いている人々であり、回答企業数は81件である。企業の生存年数の構成は1920年以前の100年以上の創業年の企業（以後、100年以上と表記）、1921年～1970年の間に創業された企業（以後、50年以上と表記）、1971年から2020年（以後、50年未満と表記）に創業された企業がそれぞれ３分の１ずつである。以下では（１）経済的要素（売上、受注）、（２）情報的要素、（３）就業形態の変化、（４）精神的要素（不安）について、企業属性・特性（業種、企業規模、創業年、従業員の女性比率、非正規雇用比率、経営者の世代等）との関係に着目した分析結果を示す。

2.2　どの企業がダメージを受けていたのか

（1）売上への影響

コロナ禍において、どのような企業に売上の影響が大きかったのだろうか。**図表９－１**に示すように、業種別では「卸・小売業」が製造業や飲食・宿泊・その他の業種よりも、売上が大きく減少したと回答する企業が多い。規模別では「個人自営業」と「10～29人」が大きく売上を落としている企業が最も多い。100人以上の企業の安定性と未満の企業への影響の大きさに差がある。創業年別では「古い企業」ほど、従業員の男女比率別では「女性比率が高い」ほど大きな影響を受けている。従業員の従業上の地位比率別では、全員正規雇用者企業のダメージが少ない中、正規雇用と非正規雇用がほぼ同程度の企業が大きく影響を受けていた。

（2）受注への影響

受注の減少は、コロナ禍前から厳しい中小企業もあり、コロナ禍でさらにより厳しい状況に置かれることが予想された。**図表9－1**に示すように、業種別では「製造業、卸・小売業」はコロナ禍前から受注不足状態にあったうえに、コロナ禍では受注不足が約3～4倍になっている。それに対して飲食・宿泊業・その他の業種ではコロナ禍前は、ほとんどの企業が受注不足を感じていな

図表9－1　京都市におけるコロナ禍でダメージを受けた中小企業の比率

	売上大幅減少	コロナ禍前・受注不足	コロナ禍後・受注不足	業界情報不足	行政情報不足
製造業	43.8%	28.3%	82.2%	36.4%	27.9%
卸・小売業	73.7%	21.1%	88.9%	17.6%	35.3%
飲食・宿泊・その他	64.4%	6.3%	62.5%	35.7%	53.3%
個人自営業	100.0%	66.7%	100.0%	0.0%	0.0%
1人～9人	56.4%	22.5%	86.8%	45.7%	44.4%
10人～29人	81.0%	23.8%	76.2%	20.0%	30.0%
30人～99人	58.3%	16.7%	66.7%	25.0%	27.3%
100人以上	20.0%	0.0%	60.0%	20.0%	20.0%
創業100年以上	73.1%	33.3%	81.5%	30.8%	28.0%
創業50年～100年未満	66.7%	19.2%	81.5%	38.5%	34.6%
創業50年未満	50.0%	81.5%	76.0%	26.1%	41.7%
経営者30代	66.7%	16.7%	83.3%	50.0%	80.0%
経営者40代	47.8%	8.7%	73.9%	33.3%	14.3%
経営者50代	60.0%	28.6%	76.2%	28.6%	50.0%
経営者60代	65.2%	26.1%	81.0%	33.3%	33.3%
経営者70歳以上	100.0%	37.5%	100.0%	25.0%	25.0%
従業員全員男性	18.2%	25.0%	91.7%	50.0%	50.0%
従業員7割男性	66.7%	23.8%	81.0%	28.6%	33.3%
従業員男女ほぼ同比率	66.7%	20.0%	75.9%	29.6%	30.8%
従業員7割女性	76.9%	30.8%	76.9%	25.0%	30.8%
従業員全員が女性	80.0%	0.0%	75.0%	40.0%	40.0%
従業員全員正規雇用	41.2%	17.6%	75.0%	26.7%	28.6%
従業員7割正規雇用	73.7%	21.1%	83.3%	38.9%	27.8%
従業員正非ほぼ同比率	91.7%	25.0%	83.3%	16.7%	33.3%
従業員7割非正規	50.0%	15.4%	84.6%	30.8%	38.5%
従業員全員が非正規	75.0%	0.0%	75.0%	25.0%	25.0%

かったが、コロナ禍では60%以上が受注不足と回答している。規模別では、規模が小さいほど、コロナ禍前でも受注不足傾向にあるが、コロナ禍でさらに不足が増大する傾向にある。経営者の世代別では、経営者が30代の企業はコロナ禍前は受注不足であった企業は少ないが、コロナ禍では70代の経営者の100%について2番目に多い83%となっており、経営者が40代の企業はダメージが最も少ない。従業員の男女比率では従業員が全員男性の企業の受注が非常に厳しく9割以上が受注不足と回答しており、女性比率が高い企業の受注不足が少ない。

2.3　どの企業が情報不足に陥ったのか

業種別では「製造業」は業界情報に関してコロナ禍前に不足を感じている企業は9%と少なかったが、**図表9-1**に示すように、コロナ禍後では4倍に増え、「業界情報」の取得欲求が高まっている。行政情報不足に関してはコロナ禍前後では大きな変化は見られない。「卸・小売業」はコロナ禍で「行政情報」の不足を感じる企業が製造業より多く、さらに「飲食・宿泊・その他」ではコロナ禍前に行政情報不足と回答した企業が19%と少なかったが、コロナ禍では他業種より多い半数以上の企業が不足と感じている。企業規模別では、業界情報・行政情報に関してはコロナ禍前には規模の影響はあまり見られなかったが、コロナ禍では「1～9人」の企業に大きく不足が目立ち、最も情報取得に苦慮している。創業年別では、コロナ禍前では50年～100年未満の企業が33%と最も行政情報の不足を感じていたが、コロナ禍でもあまり変化が見られない。それに対し、「50年未満」の企業はコロナ禍前では不足を感じる企業は19%と少なかったが、コロナ禍では、多くの企業が「行政情報」の不足を感じていた。経営者の世代別では業界情報、行政情報の取得にコロナ禍前では大きな差は見られなかったが、コロナ禍では若い「30代の経営者」は「業界情報」、「行政情報」不足を感じており、他の世代より情報取得に苦慮していることが明らかになった。この傾向は受注不足とも連動しており、人的ネットワーク構築の過渡期にある世代にとって、コロナ禍では情報不足になり、意思決定が困難であったことがうかがえる。従業員の男女比率では、コロナ禍前でも「全員男性」の企業において「業界情報」、「行政情報」が25%、33%と不足傾向にあったが、コロナ禍でさらに増え、情報不足に苦慮している。

2.4　どの企業が通常どおりに働くことができなかったのか

図表９－２に示すように、京都市におけるコロナ禍の従業員の就業形態の変化は、業種別ではすべての業種の３分の１の企業が従業員全員、通常どおり出勤している。「製造業」では通常どおり就業できていた企業の他は、交替制（在宅勤務不可）で業務を継続していた企業が39％、交替制で在宅勤務・全員在宅勤務に移行できていた企業が20％であるのに対して、「卸・小売業」では交替制（在宅勤務不可）で業務を継続していた企業が58％、交替制で在宅勤務・全員在宅勤務に移行できていた企業が５％と非常に少なく、業種による就業形態の違いの影響が示された。企業規模別では、100人以上の企業では通常どおりの就業が最も多く、在宅勤務ができる状態での交替制が導入され、安定的な就業ができていることがわかる。他方、規模が小さい企業では在宅勤務不可の状態での交替制で就業している企業が多く、小規模企業に厳しい状況で

図表９－２　京都市におけるコロナ禍での中小企業の就業形態変更の比率※1

	通常どおり	全員自宅待機	交替で就業（在宅勤務不可）	交替で就業（在宅勤務可）	全員在宅勤務可
製造業	36.4%	4.5%	38.6%	13.6%	6.8%
卸・小売業	36.8%	0.0%	57.9%	5.3%	0.0%
飲食・宿泊・その他	31.3%	25.0%	12.5%	25.0%	6.3%
個人自営業	0.0%	0.0%	0.0%	0.0%	100.0%
１人～９人	38.5%	10.3%	35.9%	10.3%	5.1%
10人～29人	38.1%	0.0%	47.6%	14.3%	0.0%
30人～99人	25.0%	8.3%	50.0%	16.7%	0.0%
100人以上	40.0%	20.0%	0.0%	40.0%	0.0%
創業100年以上	26.9%	0.0%	61.5%	7.7%	3.8%
創業50年～100年未満	29.6%	14.8%	40.7%	14.8%	0.0%
創業50年未満	48.0%	8.0%	12.0%	20.0%	12.0%
従業員全員女性	66.7%	0.0%	33.3%	0.0%	0.0%
従業員７割女性	47.6%	0.0%	33.3%	19.0%	0.0%
従業員男女ほぼ同比率	28.6%	14.3%	28.6%	17.9%	10.7%
従業員男性が７割	7.7%	15.4%	61.5%	15.4%	0.0%
従業員全員が男性	20.0%	0.0%	60.0%	0.0%	20.0%

※１　カイ二乗検定により５％水準で有意な差が出た項目群のみ掲載

あったことがわかる。創業年別では、「新しい企業」は半数近くが通常どおりの就業形態で働いており、在宅勤務者も多い傾向にあり、創業年が古い企業は通常どおりの就業企業は少なく、多くが在宅勤務不可の交替制で就業しており、就業形態の移行が難しいことが示された。従業員の男女比率では女性比率が高くなるほど、通常どおりの出勤率高くなる傾向があり、全員女性の企業は在宅での就業はまったくない。そして男性比率が高いほど、通常どおりは少なく、交替制での就業（在宅勤務不可）が多く、全員男性の企業は20%が在宅勤務を導入できている。

2.5　どの企業が不安に陥ったのか

図表9－3に示すのは、京都市における「業界動向情報」、「行政支援情報」の「余剰・通常どおり・不足」と感じている企業の不安項目である。「固定費の支払い」、「サプライヤーとの信頼関係」、「従業員のスキルの低下」、「非正規雇用者の雇用の維持」について、業界動向情報の不足は、固定費の支払いに不安を感じることと連動しており、行政支援情報不足は、（1）～（4）の項目すべてにおいて最も不安が大きい。行政支援情報については、同業者組合から周知されることが多いが、情報が取得しきれていない人々がいることがうかがえる。**図表9－3**の業界動向情報不足、行政支援情報不足企業の特性と合わせると、小規模で創業年が古く、男性が多い企業に情報が不足し、これらの不安

図表9－3　京都市におけるコロナ禍での中小企業の情報不足と不安の関係※1

		（1） 固定費の 支払いの心配	（2） サプライヤーとの 信頼関係の心配	（3） 従業員のスキルの 低下の心配	（4） 非正規雇用者の 雇用の維持の心配
業界動向情報	余剰	2.0	3.0	3.3	1.5
	通常どおり	2.0	3.5	3.5	3.0
	不足	1.3	2.8	2.7	2.7
行政支援情報	余剰	1.4	3.2	4.0	2.7
	通常どおり	2.2	3.6	3.4	3.2
	不足	1.4	2.6	2.7	2.3

※1　（1）～（4）の回答は［1：非常に心配、2：どちらかといえば心配、3：どちらともいえない、4：どちらかといえば心配ではない、5：心配ではない］である。平均値の比較で有意な差があった項目のみ掲載し、他の項目は省略。

が大きかったと考えられる。

3. 経営者という職業に従事する人々の「信頼」を裏切らない矜持

本節では2020年７月に12社の経営者(9)に行われたインタビューから、緊急事態宣言下と解除後の彼らの行動や意識について示す。京都市の中小企業は、通常業務を継続できていた中規模企業から３カ月間、営業休止という厳しい企業までさまざまであった。100人以上の企業の経営者は、リスク管理をしつつ、就業継続ができており、テレワーク化も一部導入ができていると述べた。また、平常時から労働時間や女性の働き方などに配慮した制度を採り入れ、行政から労務管理について表彰されている所が多く、今回のパンデミックでも早々に対応して日常を取り戻していた。

また、小規模企業でも公的支援制度を利用し、無利子無担保の貸付金制度を積極的に申請して、早々に従業員への雇用継続、給与の安定的支払いを伝え、取引業者への買掛金の支払いなどを滞らさなかった企業が多かった。伝統産業系製造業の経営者は、「これまで10年おきくらいに、『100年に一度の危機的状況』とマスメディアが言っているような大変なことが起こっているので、最悪の事態になっても覚悟はできている」と、売上に大きなダメージを受けつつも、気力まで喪失していない老舗の耐性と矜持を述べた。また、別の老舗の経営者も、「じつは伝統産業というのは、みな長期間継続している企業ばかりと思われているが、二代目で廃業する所が多いのです(10)。100年以上、生き残っているという企業は、生き残れる付加価値を生み出して現代に至っているのです」と、日々、努力し続けている自負、これまでの代々の経営者が大きな試練を乗り越えてきていること、自身も乗り越えられるという信念があり、継続のための家訓があると語った。他方で今回、調査に至らなかった（FAXのみでネット接続もままならない、場合によってはFAXもつながらない高齢の）自営業主の人々は、この伝統産業の経営者らにとって無関係ではなく、分業体制を担う自営業の形態をとる職人ということもあり、彼らのために行政の補助申請を手伝い、分業体制の維持を図っていた。大企業を中小企業が支えるように、中小企業も自営業の職人やフリーランスの技術職に支えられており、このような事態の時には中小企業は、自身の生き残りだけでなく、さらに小さな規模の人々を支援している。

大組織の被雇用者と中小企業の経営者と大きく異なる点の１つには、組織の責任を社長として負っていること、社内外の契約した人々への約束が守れないことへの連鎖を視野に入れ、それを裏切らない努力を重く受け止め、「信頼」を自身が守る意識にある。個人的な資産を低減させないため、自身の老後の安定だけを考えているなら、巨額の貸付金（借金）を背負うということはしないだろう。立ち直るための事業展開資金もさることながら、周囲の人々への負の連鎖が起こらないよう、数カ月間、ほとんど無収入状況になった経営者でさえ、その努力を行っている。そして、多くのインタビュイーが「いつまでも落ち込んでいても仕方がない。前向きに考えるようにしている」と、落ち込む気持ちを払拭するためのポジティブな発言に触れたり、次の事業のヒントになる勉強会（オンライン会議）への参加など、努力を続けている。またベテランの経営者は、自身が誰かを頼るより、頼られることの方が多く、経営者仲間との集いにも参加はするが、自業種、自社特有の部分があるため、結局は、自らは相談する相手もなく、一人で乗り越えなければいけないことが多いと語った。彼らへの矜持に頼っているだけでは、廃業に追い込まれる所を食い止められない。長期化するような危機的状況には自衛的な同業者間の支援だけでなく、行政の支援が重要である。

その中で、ある経営者は自身も大きなダメージを受けているにもかかわらず、他地域の同業者について「京都市の場合、うちがダメになっても、従業員の人は他産業のアルバイトで何とか食べて行ってもらえるが、単産業しかない他地域で、地域を支えている企業が経営破綻をした場合、関連業者も共倒れになり、また、従業員も働く場を失うため、経営者は連鎖を止めようと自身で責任を取ろうとするのかもしれない。そういう悲劇が起こらないために公的機関の支援を重点化してあげてほしい」と心配する。日本の場合、災害時には被災地に他地域のライバルの同業者が支援に走るという、切磋琢磨する関係ではあるが、仲間としての連帯性が存在する。

4. 小括

先行きが「予期できない」状況で、京都市の中小企業では、中規模企業の製造業の受注、就業形態の柔軟性、情報収集等の安定性に比べて、卸・小売業、女性比率が高い企業、小規模企業、創業年の古い企業が売上、受注等に大きなダメージを受けていた。経営者の世代では、30代の若い経営者に情報不足が起こっており、電子メディアのオペレーション能力では説明できない信頼関係を築くための時間の短さの影響が伺えた。情報と経営者の心配の関係はいくつもの項目で連動しており、日々、確かな情報を取得できる関係性の構築が重要であることが示された。

また経営者へのインタビューからも、中規模の企業の経営者の従業員への手厚いフォローと受注の堅調さから、大組織よりフットワークが軽く、また、小組織より安定している状況が伺えた。そして、小規模の企業では緊急事態宣言以降、量的データでも示されたとおり、ほとんど収入がない中、いち早く借入金申請を行い、取引業者、従業員への支払いを途切れさせず、次のステップに目を向けている人々が多かった。今回の調査では零細企業も含めて、ほとんどの企業が雇止め、解雇などの動きを見せておらず、企業が持ちこたえており、外部労働市場型の社会と大きく異なる経営者と社員の日本的関係性が示された。その背景には中小企業の経営者と従業員の信頼関係とともに、解除後の事業再開時の人手不足、属人的知識、技能を持った人を手離せない切実さの両方があろう。

危機的状況に備えて、小規模企業が行える自衛手段としては、平時から信頼関係や妥当な情報の入手ルートの構築、同業者組合の紐帯の見直し、「連帯の強化」が重要である。日本の経済は、この人々が自身の気力、矜持で持ちこたえている間に、制度を整えなければ、この次の大きな波で持ちこたえられなくなるかもしれない。日本の事業所の99.8%を占める中小企業の体力を過信せず、支援を継続的に行うことは、大企業にも影響を及ぼす重要な施策であるといえよう。

（1） 藤本昌代（2005）「制度変革期における組織に対する成員の意識―国立試験研究機関から独立行政法人への移行期の事例より―」，ポリシー・ディスカッション・ペーパー，独立行政法人経済産業研究所，05-P004.

（2） 藤本昌代（2008）「専門職における制度変革期のアノミー現象」『社会学評論』第59巻第3号，532-550.

（3） De Grazia, S. (1948) The Political Community: A Study of Anomie, Chicago, Ill.: University of Chicago Press.（=1966，佐藤智雄・池田昭 他訳『疎外と連帯　宗教的政治的信念体系』勁草書房）

（4） Durkheim, E. (1897) Le Suicide: Etude de Sociologie, Paris: Presses Universitaires de France.（=1985，宮島喬 訳『自殺論』中公文庫）

（5） Putnam, R.D. (2000) Bowling alone: The collapse and revival of American community. Simon and Schuster.（=2006，柴内康文 訳『孤独なボウリング：米国コミュニティの崩壊と再生』柏書房）

（6） Virginia Simón-Moya, Lorenzo Revuelto-Taboada & Domingo Ribeiro-Soriano (2016) Influence of economic crisis on new SME survival: reality or fiction?, *Entrepreneurship & Regional Development,* 28: 1-2, 157-176.

（7） 中小企業および個人自営業の場合、固定電話およびFAXのみでスマートフォンやインターネットが利用できるパソコン等を保有していない所も少なくないが、今回の調査に限っては緊急事態の状況を少しでも収集し、速報性をもって社会にフィードバックすることを優先した。

（8） 詳細は以下の報告書を参照されたい。藤本昌代，2020，「京都市の中小企業に対するコロナウイルスの影響に関する緊急調査報告書：第一報」，同志社大学働き方と科学技術研究センター（2020年5月31日公開）。藤本昌代，2020，「京都市の中小企業に対するコロナウイルスの影響に関する緊急調査報告書：第二報」，同志社大学働き方と科学技術研究センター（2020年6月30日公開）。

（9） A氏：30代男性 飲食業 10～29人規模 創業1年未満、B氏：30代男性 不動産・建築・宿泊業 10～29人規模 創業10年未満、C氏：50代男性 卸・小売業 個人自営業 創業50年以上、D氏：50代男性 鉱工業系製造業 30～99人 創業50年以上、 E氏：50代男性 伝統産業系製造業 100人以上 創業50年以上、F氏：50代男性 伝統産業系製造業 個人自営業 創業50年未満、G氏：60代男性 伝統産業系製造業 10～29人規模 創業100年以上、H氏：50代男性 伝統産業系製造業 30～99人規模 創業100年以上、I氏：60代男性 鉱工業系製造業100人以上 創業50年以上、J氏：60代男性 飲食・宿泊業 30～99人規模 創業100年以上、K氏：50代男性 宗教法人 1人 100年以上、L氏：60代男性 伝統産業系製造業 30～99人規模 創業100年以上。

（10） 京都府の開業率は5.7% 廃業率は3.9%（東京：開業率5.9% 廃業率3.5%、大阪：開業率6.4% 廃業率4.2%、愛知：開業率6.2% 廃業率3.9%）（出所：『中小企業白書2019』）

第10章

感染症時代の経営の諸側面②

―株主総会・ガバナンスへの影響[(1)]―

佐藤正克 *SATO Masakatsu*
吉田陽祐 *YOSHIDA Yosuke*

1. はじめに

我々が三井住友信託銀行で担当している証券代行業務は、株式会社の株主名簿管理を行い株主総会・株式実務をサポートする業務であり、上場会社は証券取引所の指定する証券代行機関のいずれかに株主名簿管理を委託しなければならない[(2)]。したがって証券代行機関は社会インフラとしての機能を担っており、上場会社の株主総会を円滑に実施することを担保するためオペレーションを確実に遂行する責務を負う。

新型コロナウイルス感染症（以下、「COVID-19」）が急速に日本で拡大した2020年2月から2020年6月までは日本の株主総会オペレーションのピークであり、オペレーション実施への懸念が高まったが、行政、委託会社、関係者と連携して各種対策を行い、幸いにも株主総会オペレーションがクリティカルに停止することはなかった。

我々は、COVID-19拡大の影響軽減を検討する過程で、感染症時代の業務継続（Business Continuity Plan、以下「BCP」）の要である人と人との業務上の接触を極力避けるという観点から人手を介さないオペレーションの重要性を改めて痛感した。これは証券代行業務に携わる者、すなわち株主総会オペレーション継続に責任を負っている者であれば、程度の差こそあれ同様に感じたことではないか。

人手を介さないオペレーションの実現にはいわゆる省力化投資が必要である。従来省略化投資は効率化・ローコスト化の観点が中心であった（投資対効果・投資回収期間の観点から投資可否が判断される）が、感染症時代を迎えてここにBCPの観点が加わることで、より省力化推進が必要かつ実施しやすい環境になると思われる。これは人口減少社会での業務のあり方としても望ましい方向であるとともに、資本市場で拡大しつつあるESG（Environment・Social・Governance）、特に“S”の観点からも評価される方向と考える。

本章では、株主総会プロセスを題材にしてBCPの観点からの感染症時代のオペレーション変革の方向性を中心に検討し、さらにそれが今後株主総会をどう変え、結果として企業ガバナンスにどう影響する可能性があるかを考察する。

2. 新型コロナウイルス禍により発生した事態

2.1 会計監査の遅延

2020年初頭から世界中に感染拡大したCOVID-19がこれほど経済活動に大きな影響を及ぼすことになるとは、専門家はともかく、一般には想像できなかったのではないか。

証券代行業務では、人手を介したオペレーションが多く存在しており、オペレーションの担い手に感染拡大した場合のオペレーション停止リスクはかなり早い段階から認識していた。

しかし、実際にはCOVID-19の影響は担い手への感染とは違う形で顕在化した。会計監査の遅延である。

３月決算の企業は、原則として５月中旬までに決算発表を行う必要がある（東京証券取引所「会社情報適時開示ガイドブック」）。通常はゴールデンウィーク明けに取締役会で決算を確定し、６月株主総会開催へのオペレーションに入っていく。

ところが、今回はCOVID-19の影響で、重要な海外子会社への監査法人の現地往査ができなくなったことや、緊急事態宣言を受け監査法人が在宅勤務にシ

図表10-1　株主総会オペレーション

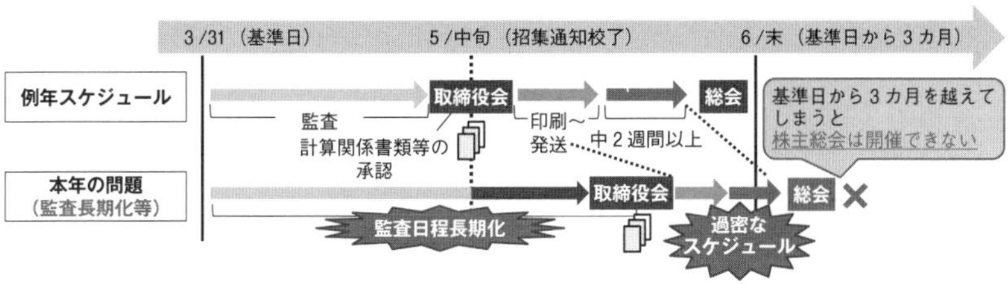

フトしたことから、「紙」の資料の監査が非効率になったことによる影響などで、会計監査作業が予定より遅れはじめたのである。

これを受け2020年4月15日に「新型コロナウイルス感染症の影響を踏まえた企業決算・監査等への対応に係る連絡協議会」（以下「連絡協議会」[3]）が声明を出し、有価証券報告書・四半期報告書等の提出期限を延長すること、決算の遅れ等により株主総会が事業年度末から3カ月以内に開催できない場合にいわゆる継続会[4]の利用が認められること等のアナウンスがなされ、企業決算の遅れに対する一定の手当がなされた[5]。

しかし、有価証券報告書の提出期限が延期され株主総会を延期または実質的に延期する継続会等の方法が示されても、当事者である発行会社（以下「当事会社」）が実際に株主総会を延期しないと、会計監査・決算確定が遅れる結果、決算確定から株主総会までの期間が短くなり、かえって通常より厳しいスケジュールでの株主総会オペレーションとなり、万一感染者が発生し担い手が不足すると株主総会オペレーションに支障が生ずるリスクが高まることになったのである（**図表10-1**）。

2.2　証券代行機関の対応

このため証券代行機関である信託銀行が加盟する信託協会は2020年4月20日に以下の4点の要望を「連絡協議会」に提出した[6]。

信託協会要望事項

（1）会社法に定める基準日の効力について一律延長を認めること

（2）基準日変更及び継続会開催の実務的な論点整理
（3）株主に電磁的な方法による議決権行使を推奨する指針の明示
（4）web開示可能な決算書類の範囲を連結決算書類だけでなく単体決算書類まで拡大

このうち、国会承認（会社法の改正）が必要な（1）を除く3点について行政当局も含めた迅速な対応により、一定の手当てがなされた(7)。しかし実際にはこれらの各種要望や行政当局等の対応にもかかわらず、基準日変更または継続会により株主総会を延期または実質的に延期した企業は数％程度にとどまった。これは株主総会の実施時期を決定する5月中旬の時点ではCOVID-19問題の終息時期が見通せず、延期後の株主総会時点で事態が好転しているとは限らないため、株主総会延期による追加的な負荷を回避する意向が各企業に強かったこと、決算確定が予定より遅れたものの法定の株主総会招集通知発送期限（株主総会の2週間前に発送）には間に合ったこと、などが理由と思われる。

株主総会オペレーションを担う証券代行機関にとっては厳しい展開となったが、オペレーション関係者間の従来以上の密接な連携や臨時の人員投入を行い、感染拡大の一段落もあって6月株主総会シーズンを乗り切れたのは幸運であった。

3. 新型コロナ禍により認識したリスク

3.1 これまでの取り組み

現在の上場会社の株主総会オペレーションは株券こそ電子化されたものの(8)、株主総会招集通知の印刷、封入・封緘、発送、議決権行使集計、株主総会当日のリアルな実開催というように基本的に「紙」と「リアルな会議」を前提とした仕組みとなっている。

「紙」と「リアルな会議」は、オペレーションに時間を要するため、これまでも投資家（特に機関投資家）から、株主総会招集通知の議案を確認して賛否を決定し、議決権を行使するまでの期間が限られる弊害（多数の銘柄に投資している機関投資家の場合、２～３週間に最大数万件の議案の賛否を決定する必要があると言われている）が指摘されていたが、必ずしも制度見直し機運の盛り上がりは大きくなかった。

現状でも議決権の電子行使やハイブリッド型株主総会（現実の場所に参集して開催する株主総会、以下「リアル株主総会」）とインターネットを利用して出席する株主総会（以下「バーチャル株主総会」）のハイブリッド等、部分的にはデジタルなオペレーションは導入されている。しかし今回のCOVID-19問題でこれらのデジタルオペレーションの活用が推奨されたにもかかわらず2020年６月株主総会シーズンにおいても利用は限定的であった(9)。

証券代行機関としてもスマートフォンでの議決権行使を可能とする等、議決権電子行使の普及に努めており(10)、少しずつ利用も拡大してきているが、現行法上「紙」の株主総会招集通知送付が義務付けられており、これに伴い議決権行使書も「紙」で送付されることもあり、「紙」の議決権行使書の利用は大きくは減少していない。議決権電子行使の一層の普及には原則として「紙」を送付しなくなる株主総会招集通知電子提供制度の実施まで待たなければならないかもしれない(11)（**図表10-２**）。

バーチャル株主総会については、そもそもバーチャルのみの株主総会は現行会社法上認められないと解されている。リアルとバーチャルを組み合わせたハイブリッド型株主総会は可能だが、総会当日の質問・議決権行使をバーチャルで出席した株主にも認める形態（ハイブリッド「出席型」株主総会と呼ばれる。

図表10-２　スマートフォンによる議決権行使の方法を採用している企業における議決権行使方法割合推移（株主数ベース）

	2018年	2019年	2020年
議決権行使書	90.6%	84.7%	78.0%
PC・スマートフォン	8.2%	14.1%	20.8%
機関投資家向けプラットフォーム	1.2%	1.2%	1.1%
採用社数	115社	215社	334社

注：３月決算かつ三井住友信託銀行を株主名簿管理人とする企業の状況

質問・議決権行使がバーチャルでは行えずweb上での視聴のみが認められるハイブリッド「参加型」株主総会と区別される）は、バーチャルでの参加者の株主認証、議決権行使結果の集計というオペレーション構築上の問題に加え、万一通信障害が起きてバーチャルでの議決権行使ができなくなった場合に株主総会決議に瑕疵が生じるのではないかという懸念があり、web環境を個人株主が広く確保・利用できるかという問題と合わせて、現状では一定以上の普及にはハードルがある印象である。

3.2　BCPの考え方の変化

このように現在の延長線上で考えると、株主総会オペレーションの変革には一定のハードルがある印象だが、ここにBCPの観点が加わると考え方が変わりうると想定される。従来のBCPは物理的な災害対策が中心であった。たとえば大震災時に基幹システムを止めないために災害が復旧するまでの間バックアップセンターを稼働させる、などである。そこでは、一定期間内に電力等が復旧する前提で、システムの一部機能が一時的に停止してもバックアップセンターを稼働させ、それでも足りない場合には人手を介して「紙」でできることは「紙」で処理してしのぐというものであった。

しかし、COVID-19の経験を踏まえ、「感染症時代」においてはBCPの考え方は劇的に変わると思われる。第一には期間である。「感染症時代」のBCPは災害と異なり一時的なものでなく「長期」にわたる。COVID-19の影響も当初はインフルエンザの流行同様に長くて数カ月と無意識に考えられていたように思う。しかし「ウイズコロナ」といわれるように、その影響は数カ月では収まらないことが明らかになってきた。これにより「急場をしのぐBCP」というイメージは一変し、長期にわたって実現可能な抜本的な対策が必要になるのである。

第二に「オペレーション変革」である。「紙」のオペレーションが存在する以上「紙」のあるところに人が集まらなければならず、リモートワークは不可能もしくは非常に困難であり、人と人の接触が不可避となる。実際のオフィスでは、同一業務を行っているチーム員を同じオフィス内で分散して配置しチーム内に感染者が出た場合にチーム全体が同時に機能を停止しないように配慮したり、飛沫感染防止のためマスク着用だけでなく席と席の間に距離や仕切りを設けるなどして、感染リスクの低減に努めているが、同一オフィス内で勤務していることや通勤時の他人との接触があることから自宅でのリモートワークと比較すると感染リスクの低減には限界がある。これを抜本的に見直すには、「紙」を介在させない「オペレーション変革」が必要となる。

3.3 感染症時代のBCPによるオペレーション変革の加速

BCPの考え方が劇的に変化する結果、感染症による業務停止リスクを業務に人手を介さない省力化により低減させることの重要性が急速に高まると考える。

一般に省力化投資は人件費を抑制するためイニシャルコストをかけてシステム投資を行うのが普通であり、そこでの投資可否の判断は、システム投資額を人件費の削減で何年かけて回収できるかという投資対効果・回収期間の考え方に基づく。しかし、ここにBCPの観点が入ると同じ省力化投資が当該業務により得られている収益を維持するために必須の投資となり、人件費削減による回収期間が長期にわたったとしても業務継続のためにはやむを得ないという判断が行われうることになる。

さらに通常の省力化投資であれば、既存のオペレーションを前提に業務フローの一部をシステム化して人手を削減する発想も多いと思われるが、「オペレーション変革」の観点からは、たとえば顧客からの「紙」の送付をいかに止めてもらうかなど、顧客のオペレーションの変更も求めることになる。この点については顧客側も人命尊重の観点からオペレーションの変更を受け入れざるを得なくなるのではないか。また前述のようにESGの“S”が実質的な意味を強めるきっかけにもなると思われる。人口減少時代を迎えて担い手が減少していくことが予想されることもこの流れを後押しするだろう。

これらの考察から想定されるのは、これまで以上に株主総会オペレーションの電子化・ペーパーレス化の流れが加速し、従来のオペレーションを維持することは困難になっていくということである。社会インフラとしての確実な業務オペレーションの遂行を責務とする証券代行機関にとって、オペレーションの変更は安全性・確実性の観点からは必ずしも好ましいものとばかりはいえない。新たなオペレーションには新たなリスクが存在するため実施しながらリスクを低減していかざるを得ないし、システムの大規模な見直しはコストや基盤更改時期等の制約もある。webがデータ送信手段として必ずしも盤石でないということもある。

しかし技術革新は進むであろうし、そもそもリスクゼロが常に正しいという発想を捨てる必要があるかもしれない。誤解を恐れずにいえば多少の業務上のリスクと人命のどちらを取るのかということも常に念頭に置かなければならなくなるということが、「感染症時代」の特徴の1つになるのではないか。

4. 新しい株主総会オペレーションの企業ガバナンスへの影響と課題

4.1 企業ガバナンスへの影響：投資家視点

新しい株主総会オペレーションは企業ガバナンスにどういう影響を与えるのか。

「紙」と「リアルな会議」のオペレーションの変革は、結果として機関投資家を中心とする投資家が議決権行使内容を決定する時間を増加させ、投資家によるガバナンス強化につながると思われる。ただし、多数の銘柄に投資している機関投資家にとっては依然としてタイトなスケジュールであり、投資家との平時の対話の必要性は今後も高いと考えられる。

またバーチャル株主総会の拡大の結果、リアル株主総会に比べて地域的・時間的制約が大幅に緩和され、より広範な株主の参加が可能となり、従来以上に事業戦略の明確性や企業情報の分かりやすい開示が必要になると思われる。情報開示の内容としてはESG、特に“S”について「感染症時代」のBCPと表裏を成すテーマとして投資家側の関心も高まり、その考え方や方向性、具体的な施策についての開示が従来以上に求められるようになると考える。

4.2 課題：2つのコスト

新しい株主総会オペレーション構築にはさまざまな課題が考えられるが、ここではコストについて触れてみたい。

コストについては２つの観点で考える必要がある。１つ目は、新たなオペレーション（省力化・電子化）のインフラ構築のための直接的なコストである。これは一次的にはオペレーションの主体が負担することになるが、通常の費用対効果の合理性を超える部分については、「感染症時代」における株主総会の安全な実施、ガバナンス強化による企業価値向上のため利用する企業も含めた適切な分担が必要な場面が出てくると考える。

２つ目は、通常の意味での「費用」ではないが、新たなオペレーションの信頼性確保には一定の時間を要するという意味でのコストである。たとえばバーチャル株主総会での議決権電子行使には、バーチャル株主総会開催中の通信障害により議決権の行使ができなくなった場合のリスクという論点が常に存在する。またバーチャル株主総会は地域的・時間的制約が大幅に緩和される反面、従来では考えられないほど多数の株主がweb上からアクセスし回線やサーバーの容量をオーバーするリスクも存在する。これらについて、「十分なバックアップ回線を用意しろ」、「サーバーの容量を十分に大容量のものを用意しろ」と要求するのは簡単だが、これではオペレーションの担い手（システムベンダーや証券代行機関だけでなく企業の担当者も含む）に結果責任を負わせているようなもので、このようなことを求められるとオペレーションの担い手は慎重にならざるを得ず、変革も遅れがちとなる。

もちろん合理的な範囲での信頼性確保は重要だが、問題の本質は、「感染症時代」における従来型オペレーションを継続することによるリスク（人命の危険も含む）と比べてどちらがより低リスクかという相対的な比較である。したがって、新しいオペレーションの絶対的な信頼性のみを問題とするのは正しいアプローチではない。むしろ「信頼性を考えれば従来型オペレーションの方がよい」という方向に進む危険すらある誤った考えであるというべきだろう。環境変化に適応した新しい常識の構築が求められているのであり、企業・株主とも新しいオペレーションのリスクを認識しつつ受け入れることが必要になると考える。

5. おわりに

株主総会オペレーションの担い手という実務の立場から「感染症時代」という新たな環境の影響を考察してみたが、「感染症時代」のBCPという新たな観点は省力化や人口減少社会という従来の環境変化を後押しする方向にある。ペーパーレス化もバーチャル株主総会も新しいアイデアではない。アイデアが実現されないことには、投資対効果の不十分性、利用者のコンセンサスが得られないことなどの理由があると思う。既存オペレーションの変更にはオペレーションの担い手に負担を強いるという面もある。

しかし、仮にCOVID-19問題がワクチン等何らかの形で鎮静化したとしても、新たな感染症が発生し同様の（場合によっては新型コロナウイルス以上の）問題が生じる可能性もある。リスク低減に向けての変革は後戻りできないし、省力化や人口減少社会への対応とあわせて変革を加速させなければならないと考えている。

（1） 本章は筆者の調査に基づく独自の見解であり、所属企業の見解を代弁するものではない。ただし、執筆においては情報収集・意見交換にあたって所属企業各部の協力を受けた。ここに謝意を表する。

（2） 三井住友信託銀行を中核とする三井住友トラスト・グループは上場会社の４割強の証券代行機関を受託しておりシェア１位である。

（3） 事務局・金融庁。日本公認会計士協会等を構成メンバーとし経産省・法務省等もオブザーバー参加。

（4） 予定どおりに株主総会を開き、剰余金の処分、取締役・監査役の選任などの事項を先に決議し、間に合わなかった計算書類の承認や監査報告については後日に開く継続会で行うもの。当初総会で、総会の「続行」（会社法317条）を決議する必要がある。

（5） 2020年４月15日連絡協議会「新型コロナウイルス感染症の影響を踏まえた企業決算・監査及び株主総会の対応について」参照。

（6） 2020年４月20日信託協会「新型コロナウイルス感染症の影響による株主総会対応に係る要望事項」参照。

（7） 信託協会要望に対しては、（2）については金融庁、法務省、経済産業省連名による論点整理のリリース（2020年４月28日付、「継続会（会社法317条）について」）、（3）については経済産業省によるインターネット等による議決権行使の活用を促すリリース

(2020年５月22日付、「株主の皆様へのお願い―定時株主総会における感染拡大防止策について―」)、（４）については時限的にweb会議の範囲を単体計算書類等まで拡大する法務省令の改正（2020年５月12日付法務省リリース「会社法施行規則及び会社計算規則の一部改正について」)、といった対応がなされた。

（８） 2009年１月に株券電子化実施。実際は、株券電子化時に株券を提出しなかった株主については特別口座という株主管理口座を、電子化された株券とは別のオペレーションにより証券代行機関が管理しており、ここにも「紙」によるオペレーションが存在している。

（９） 議決権電子行使の割合は一部企業では大幅に増加したが、全体では数％ポイント程度の増加にとどまったと思われる。

(10) 機関投資家についてはICJのプラットフォームが存在するほか、2018年より個人株主向けにQRコードを活用したスマートフォンによる議決権行使システムを一部証券代行機関で導入（三井住友トラスト・グループ、みずほ信託銀行)。

(11) 令和元年法律第70号、2019年12月11日公布。株主総会招集通知電子提供制度の施行は公布から３年６か月以内の政令で定める日。

第11章 感染症時代の経営の諸側面③

—サステナビリティと企業家活動—

涌田幸宏　*WAKUTA Yukihiro*

1．緒言

新型コロナウイルス感染症（以下、「COVID-19」）が猛威を振るい、世界中の社会・経済を大混乱に陥れている。現在のところ、いつ終息するのか、予測が難しい状況にある。見えない敵に対して、各国が対応に追われる一方で、“withコロナ”、“ポストコロナ”の世界で、どのように復興・再生を成し遂げていくのかという議論も水面下で始まっている。そのなかでも注目を集めているのが、「サステナビリティ」（持続可能な社会の構築）である。

コロナ渦によって、グローバルな経済活動が停滞し、世界の温室効果ガス排出量が大幅に削減され大気汚染も改善した、という報告もある(1)。しかしながら、感染拡大が落ち着き、経済再生を旗印に、環境より経済を優先させると、温室効果ガスの排出量が一気に増加してしまうという懸念がある。また、世界経済が規模を縮小するなかで、原油価格が落ち込んでいるが、このことは化石燃料への依存を強めると同時に、再生可能エネルギーへの転換を遅らせる要因にもなってくる。

現状のままでは、高まりつつあったサステナビリティへの関心が急速に薄れてしまうかもしれない。こうした危機感から、オランダの８大学の社会学者や環境科学者ら170人が、ポストコロナを見据えた抜本的な改革を志向したマニフェストを発表した(2)。コロナ渦は社会変革の好機だと訴え、サステナビリティへの取り組みを加速するように要求している。

また、EU（欧州連合）でも動きが見られる。４月14日、EU加盟国12カ国の大臣やグローバル企業37社のCEOらが、感染症で疲弊した経済の復興対策を、欧州グリーンディールに即した形で行うことを要求する声明を発表し、「グリーン・リカバリー（Green Recovery）」という協働イニシアチブを発足させている[3]。経済発展と環境保全を両立させながら、コロナ危機からの再生を果たしていこうという取り組みが進んでいる。

では、我が国の動向はどうなのか。現時点では、コロナ対策に追われ、コロナ収束後、どのような社会・経済を目指すのかという長期的な視野に立った議論は活発に行われてはいないように感じられる。しかしながら、今後サステナブルな社会への動きが欧州を中心として、世界的に加速するとすれば、コロナ渦をまさに変革への好機として捉え、積極的なアクションをとるべき時期に来ていると言えるであろう。

しかも、感染症と環境問題とは別々の問題と考えがちであるが、これらは密接に関連していることを深く認識すべきである。エボラ出血熱や中東呼吸器症候群（MERS）、HIV／エイズ、COVID-19は、野生動物から人への感染症（動物由来感染症）であり、今後野生動物の搾取や生態系の破壊が進めば、こうした感染症がさらに増える恐れがある。国連環境計画（UNEP）は今年７月、各国が十分な環境対策を取らなければ、COVID-19のようなパンデミックが今後も起こりえると警告する報告書を公表している[4]。

サステナビリティへの取り組みは、国レベルだけではなく、企業を含めた社会全体の問題となっている。では、持続可能な社会に向けて、経済活動の中心となる企業や企業家はいかにあるべきなのか。これが本章の課題である。

そこで、まずサステナビリティの概念について概観したのち、サステナビリティと企業家に関する研究動向をサーベイし、特にサステナビリティに対する企業家の心理的・感情的スタンスに焦点を当てて議論を進めることにする。そして最後に、サステナブルな理念や思考が企業家活動に与える示唆を提示する。

2. サステナビリティの概念

「持続可能な開発」(sustainable development) という概念は、1972年の国連人間環境会議で初めて示され、1987年、ノルウェーのグロ・ハーレム・ブルントラント首相が議長を務めた「環境と開発に関する世界委員会」(World Commission on Environment and Development：WCED) が国連に提出した報告書によって注目を浴びるようになった。本報告書「Our Common Future」(ブルントラント報告書) では、持続可能な開発とは「将来の世代の欲求を充たしつつ、現在の世代の欲求も満足させるような開発」と定義している(5)。その中核的な考え方は、資源は有限であり、自然の回復能力には限界があるため、我々人間はその限界内で欲求や幸福を追求していく必要がある、というものである。環境保全と経済発展を共存させ調和させる。ここにサステナビリティのダイナミックな側面が表されている。

サステナビリティには多様な見方がある。ここで、そのすべてを網羅する余裕はないが、人間社会の持続可能性という場合、そこには空間と時間に対する見方の転換が伴っている点には注意したい。

まず、空間軸についてみてみよう。当然のことながら、人間個々人は単独では生存しえない。常に、まわりを取り巻くコミュニティやローカルな環境と相互作用しながらともに生きている。さらにローカルな環境の回りには、立場・利害・文化の異なる多くの国の人々が存在し、直接的・間接的に相互依存している。また、ローカルな環境は、グローバルな地球環境と密接に関わっている。地球環境には、人類以外の生命体、および水、空気などの非生命体が含まれている。つまり、空間軸としてのサステナビリティは「人間－コミュニティ・地域環境－世界・地球環境」というグローバルな広がりと相互依存性を意識することである。「Think Globally. Act Locally.」という言葉にも込められているとおり、世界規模で発想し、さまざまなステークホルダーと協調・協力し、多様な生命体・非生命体を考慮しながら、まずは身近なところから行動を起こすことが求められているのである。

一方、時間軸においては、「将来の世代の欲求を充たす」とあるように、まだ見ぬ世代という現在の時間を超越した欲求を考慮しながら、現在の社会生活のあり方を考えることにほかならない。また、時間的視野の拡大とは、長期的な変化を意識することでもある。我々の経済活動は、株価や物価など短期的な変動によって左右される。しかし、こうした経済活動によって影響される地球環境は、その変化が緩やかであり容易には可視化されない。こうした点からも、日々刻々と変化する市場・経済活動だけではなく、自然環境変化という長期的な視野へと時間軸の発想を変えていかなくてはならないのである。これはまさに我々一人ひとりの想像力の問題である(6)。

3. サステナビリティと企業経営

3.1 サステナビリティと企業家活動

サステナブルな企業経営という考え方が、我が国において注目されたのは、2000年代初頭である。イギリスのコンサルティング会社の社長であるジョン・エルキントン（John Elkington）が提唱した“トリプルボトムライン”の概念が広く紹介されたことに起因している(7)。ボトムラインとは、企業の決算書の最終行（収益・損失の最終結果）を指した用語であるが、エルキントンは、経済的な成果だけではなく、環境的成果（CO_2排出量や廃棄物の削減など）と社会的成果（雇用や人権など）を付加して総合的に企業の利益を評価しようとしたのである。このトリプルボトムラインの概念は、CSRレポート作成の国際的基準「GRIガイドライン（Global Reporting Initiative Guideline）」にも反映され、大企業を中心として「CSR報告書」、「サステナビリティ・レポート」を刊行する動きが盛んになったのは周知のとおりである。

一方、サステナビリティの観点からみた企業家活動（entrepreneurship）の研究は、どのように展開されてきたのであろうか。2010年、ベンチャービジネスや起業に関する世界的な学術誌である*Journal of Business Venturing*が「持続可能な開発に向けた企業家活動」という特集を組んでいる。それによれば、学術論文のデータベースを使った調査結果として、2002年まではこのテーマに関連した論文はほとんどなく、それ以降増加傾向にあること、その多くは企業家活動の研究者ではなく持続可能な開発の研究者によるものであることが指摘されている[8]。経営学的な観点では、サステナビリティや環境経営が企業の競争優位にどのように影響を与えるのかという実証研究が散見されるほか、個別の事例分析による研究が行われている。

*Journal of Business Venturing*の本特集では、サステナビリティを主導する企業家は従来型の企業家と比べて組織設計思考の点でどのように異なるのか、という問題を追究した研究論文が収録されている[9]。これによれば、サステナブルな企業家は、人材や自然環境を、単に富を生み出す手段として捉える（搾取的推論）のではなく、それらの資源をより豊かにするための道具として企業を捉えているという。こうした観点に立った組織化の設計原理を「永続的推論」（perpetual reasoning）と呼んでいる。

サステナブルな企業経営を志向する企業家は、どのような特性を有しているのか。近年、サステナビリティと企業家活動という文脈でキーワードとなっているのが「共感」（empathy）である。SDGsを目指す企業には、多様なステークホルダーや将来世代のニーズ、さらには人間以外の生物や自然環境を配慮した活動が求められている。こうした実践にとって重要なことは、他者の立場になって考える心理的態度、すなわち他者視点取得（perspective-taking）であり、他者の状況を「自分ごと」とする能力である。企業は単体では存続し得ない。社会や環境から資源を与えられ、そして与えている。こうした拡張された「つながり」のなかで企業活動が展開されていることを意識しなければならない[10]。

Brown et al.（2019）は、他者視点取得と感情的なつながりのプロセスを通じた共感性が、生物圏との持続可能な相互作用の前提条件であることを提案し、共感は人間と環境を再び結びつけ、環境に配慮した行動の動機をつくりだすと論じている[11]。さらに、心理的な実験を伴う研究も行われている。たとえば、Pahl and Bauer（2013）は、被験者に環境変化の被害にあった女性の将来のシナリオをスライドで見せ、被験者の行動変化を観察した。その結果、比較対象とした集団に比べて、環境配慮の意図、情報資料の収集に費やす時間、パンフレットの収集数が増加したことが確認された。当該研究は、被害者の視点を取得することが環境エンゲージメントに与える影響を検証したと結論づけている[12]。

一般的に、共感とは「他者の情緒的な状態に対して、配慮を持った反応をしたり、理解したり、また共有したりすることを可能にする自然な能力であり、誕生から死に至るまで、我々の社会的なインタラクションにおいてきわめて重要な役割を果たす」ものである[13]。脳神経科学的にいえば、共感は脳内の神経細胞「ミラーニューロン」の働きによるところが大きいとされている。ミラーニューロンは、他者の行動理解や模倣による学習を司る機能を果たしており、それによって生起する共感は、「向社会的行動を動機づけたり、攻撃を抑制したり、また、道徳の発達の情緒的かつ動機的な基礎を与えるものだと考えられている」[14]。

共感は、単一ではなく複合的な概念であり、次の２つの要素から構成されている[15]。１つは認知的共感（cognitive empathy）であり、他者の感情や考えていることを推論し、理解することである。この共感の局面は、他者の視点を取得し、推察するという論理な思考を伴うものである。もう１つは情動的共感（emotional empathy）で、これは推論するだけではなく、他者の心の状態を共有し、身体的な反応を伴って理解するというものであり、情緒的な感情を含んでいる。

Hockerts（2017）は、共感性をさらに、認知的要素（他者の感情状態を評価する能力）と情動的要素（他者の状態に感情的に反応する傾向）、共感的関心（他者の状況に思いやりや温かい思いを持って反応する傾向）の３つに区分して整理している。最後の共感的関心とは、他者の困難な状況を慮り、その状況を改善するために行動する、というように実際に感情を利他的な行為に移すことを意味している[16]。

人々の共感する能力は、社会秩序の形成にとって不可欠のものである。近代経済学の父と呼ばれるアダム・スミスは処女作『道徳感情論』において、このことを強調している[17]。想像する力によって相手と立場を取り替え、身代わりのように感じることが、競争社会における人々の利己的行動の抑止となるのである。

他者を支援する利他的行動は、人間特有のものではなく多くの動物に見られる現象だと言われる。動物行動学者のフランス・ドゥ・ヴァールによれば、

「共感は、哺乳類の系統と同じぐらい古い起源を持つものの重要な部分」であり、「運動の模倣や情動伝染とともに、遠い昔に発達し、その後の進化によって次々に新たな層が加えられ、ついに我々の祖先は他者が感じることを感じるばかりか、他者が何を望んだり必要としたりしているかを理解するようになった」という[18]。この共感能力全体は、ロシアの入れ子細工人形マトリョーシカのような形状になっており、中心となる核には情動伝染、その外側には他者への気遣い・慰めがあり、一番外側に他者視点取得があるとされている。この他者視点取得の能力に特に優れている生物が、我々人間なのである[19]。

サステナビリティ、SDGsを目指す企業家の重要な資質が、他者の立場に立ち、共感する能力であるとするならば、企業家活動と共感性との関係はどのように論じられているのであろうか。次にこれに関する諸研究を概観することにしよう。

3.2　企業家活動と共感性：企業家はどのように社会性を帯びるのか

企業家と共感性に関する研究は、近年徐々に報告されるようになってきている。たとえば、Humphrey（2013）は、企業家活動には他者との共感能力が不可欠であり、共感性の高い企業家は、従業員を動機づけて指揮し、従業員の職場ストレスに効果的に対処すると論じている。また、対外的にも、顧客の欲求により適合し、高い顧客満足度を獲得して、より革新的な行動をとることができることが指摘されている。共感性は、顧客やユーザー、利害関係者への理解、イノベーションチームの組織化、サプライヤーや投資家との交渉など、さまざまな企業活動の成功に導くための重要な能力として位置づけられている[20]。

効果的なイノベーションには、ユーザーの視点から製品の価値を評価すること、ユーザーが何を求めているのかを追究することが鍵となる。この点は、従来からよく言及されてきた。しかし、Korte et al.（2018）は、それだけではなく、他者や環境に対する深い感謝と思いやりの心を持つことこそイノベーションの成功にとって不可欠の要素であるとして、企業家のコア・コンピテンシーとしての共感性を提唱している[21]。

こうした能力としての共感性は、特に社会企業家との関連でより言及されてきている。つまり、利他性の高い事業に対して、どのように社会企業家たちは動機づけられているのか、という問題である。地域でコミュニティビジネスを立ち上げる企業家たちは、地域社会の問題の解決を目指し、地元に密着した事業活動を行っている。こうした企業家の原動力となっているのは何であるのか。心理学の知見を活用していくつかの事例を分析した研究によると、企業家の情熱や現状への不満などの自己を中心とした動機のほかに、当該地域や地域住民への共感が、利他主義的で社会公正的な事業への動機につながっていることが報告されている[(22)]。

しかしながら、共感性の高い個人が、すべて社会企業家を目指すわけではない。換言すれば、他者の視点を取得し、他者の身になって考える能力それ自体が、社会企業家になろうとする意図につながるわけではないだろう。これらの要因の間には、なんらかの媒介変数や他の要因も影響しているはずである。たとえば、Tiwari et al.（2020）は、社会企業家意図に対する共感力、道徳的判断力および企業家教育の影響を考慮し、これらの媒介変数として、向社会的動機づけ（prosocial motivation）を重視している[(23)]。向社会的動機とは、他者の利益のために努力しようとする態度である。共感性は、こうしたモチベーションを介して、社会的事業の意図に導くことが例証されている。

このように、他者への共感と、実際の起業との間には、なんらかの動機づけが必要である。上記の研究では、向社会的動機を、共感性と起業の意図との媒介変数として扱っていたが、向社会的動機とは具体的にいかなるものであろうか。ソーシャル・ビジネスとは社会的課題を、本業を通じて解決するビジネスである。ここには「事業性」的側面と「社会性」的側面の双方が含まれている。社会的事業への動機には、この両面が反映されているはずである。すなわち、事業として成立しうる見通しと、社会的課題の解決に寄与するという期待であり、両方の要因が社会企業家になるという意図を形成していると考えられる。

社会心理学のエンパワーメント研究では、環境配慮行動の意図に関して、有効感、有能感、連帯感の概念が知られているが[(24)]、こうした観点から参考になるのが、Bacq and Alt（2018）の研究である[(25)]。彼らは、共感性は、２つの相補的な動機づけメカニズムを通じて社会企業家の意図に影響を与えると提案している。ここでいう２つの相補的メカニズムとは、自己効力感（社会企業家活動を行ううえでの、自己の能力に対する自信）、および社会的価値（自分の活動が潜在的な対象者にとって支援となり、援助が評価されると予期すること）である。

また、本研究では、共感についても2つの次元に着目している。前述した認知的共感（他者視点取得）と情動的共感（共感的関心）である。調査は社会起業家コースに参加した大学生を対象に実施され、その結果、（1）他者視点取得は共感的関心に影響を与えるとともに、（2）他者視点取得は、社会的価値の認識を通じて、社会的企業家の意図に寄与すること、（3）共感的関心は、自己効力感の認知を介して、社会的企業家の意図を高めることが明らかとなったのである。

以上のように、企業家の共感性は、動機ないし予測を介して、社会性の高い事業への重要な契機となっている。ただし、これらの研究では、調査サンプルの少なさ、調査対象の適切性などの課題があると思われる。しかしながら、共感の研究は、事業の立ち上げだけではなく、企業のトップマネジメントや従業員の共感性が自社の危機対応や社会貢献活動の意思決定に寄与するという報告も多数存在している[26]。また、共感を高めるためのマインドフルネスへの注目や企業家教育への導入も進んでいる[27]。サステナブルな経営や企業家をめぐる共感の研究はまだ緒に就いたばかりであり、多くの課題が残されている。今後の共感研究の発展が期待される。

4. ポストコロナの時代におけるサステナビリティ

ポストコロナの時代は、コロナ以前と比べて、異なる世界がひろがっているのであろうか。おそらく、本質的には大きなパラダイムの変革は伴わないであろう。むしろこれまで緩慢な動きであった変化が一気に加速するというイメージである。企業での働き方、人々の暮らし方や価値観、ニーズは少なからず変わっていくであろう。こうした中で、企業は社会との関わり方を改めて見直すべき時期に来ていると言ってもよいであろう。

世界経済フォーラム（WEF）は今年4月「コロナ時代のステークホルダー方針」の声明を公表し、創設者であるクラウス・シュワブ会長は「企業は株主第一主義からステークホルダー主義に移行し、環境や従業員、顧客などに配慮するようにならないといけない」と訴えた[28]。ステークホルダー資本主義への転換。それは、上述した研究が示唆するように、高い共感性を企業家に求めるものである。そして、このことはまた、企業はサステナビリティの理念と行動によってステークホルダーに共感を与え、社会から選ばれる存在を目指すことでもある。

COVID-19パンデミックという未曾有の危機を迎え、多くの企業が苦境に立たされている。しかしながら、こうした不確実な環境のなかでも、根強いファンや支援者をかかえる企業はおそらく力強く粘りのある活動を展開することができるであろう。コロナの影響により世界的な株安に陥った際も、環境・社会・ガバナンスを重視した企業に対するESG投資は落ち込みが寡少に留まり、その健闘が注目された[29]。さらに、企業価値の逆転も起きている。「DX（デジタルトランスフォーメーション）」や「脱炭素化」に寄与する次世代企業に投資マネーが集まり、株式時価総額が急騰するという事態も起きている[30]。

サステナビリティという理念をトップマネジメントだけではなく、全社的に共有することによって、予期しない事態への素早い対応が可能になると考えられる。未曾有の危機に直面して、何をしなければならないのか。明確な理念を社員一人ひとりが理解することで、現場での臨機応変な行動が促進され、迅速な対応を実現することができるであろう。ポストコロナの時代には、ますます環境や健康への消費者の関心が高まっていくことが予想される。これから生まれるであろうニーズやチャンスに先回りして、果敢に体勢を準備すること。危機に際して、迅速に先手を打つこと。こうした手腕が企業家に問われている。サステナビリティの理念は、こうした時の経営者の意思決定の指針となるであろう。

環境経営で有名なアウトドアメーカー「パタゴニア」はコロナ禍で北米直営店39店舗の休業をすみやかに決定した[31]。従業員と家族、顧客の健康を第一に考えたうえでの決断であったという。そのうえで、従業員の収入を確保しながら、顧客とのつながりを維持するために代替的なサービスの提供に舵を切っている。

また、持続可能な経営を強く意識した日用品大手「ユニリーバ」は、取引先の資金繰りを支援するために支払期限の延長や収入補償をいち早く打ち出している[32]。それと同時に、世界の医療機関に対して1億ユーロ相当の衛生関連製品の寄付を決定した。

これらの例は大企業だから実行可能である、という意見もあるだろう。だが、社会のなかでの自社の価値を問い直し、徹底的に顧客やステークホルダーの視点に立って思考することは、企業規模の大小に関係なく、危機をチャンスに変えていく有益な手段となるであろう。Humphrey（2013）[33]は、感情知能（emotional intelligence：自分と他者についての理解を深め、感情と思考をうまくバランスをとる能力）が高い企業家は、新製品・サービスの開発に優位性を持ち、障害に直面しても感情的に回復力が高い（resilient：レジリエント）であると述べている。

高い回復力と関連して、「心理的資本」という概念がある。心理的資本とは個人のポジティブな心理状態のことであり、「問題や困難に悩まされても成功するために、耐え、すぐさま回復し、時には元の状態以上になる（レジリエンス）」ことができるのである[34]。現世代や将来世代のステークホルダー、さらには生物や地球環境のために役立っているという感覚は、ポジティブな心理状態を生み出すことに寄与するであろう。だとすれば、サステナビリティという思考は、感染症の時代という不確実な世界を生き抜く強力な推進力となる。そして、その根本にあるのが「共感」である。価値観の異なる他者の視点を取得し行動することである。世界的なパンデミックと闘うためには、異なる利害を持つ人々をつなげて、協創的に新たな価値をつくり出していかなければならない。社会と社会、社会と自然との断絶した関係性を繋ぎ直し新たな関係性を構築していくこと。こうしたたゆまない努力が今求められている。「共感という資本」を大事にしていきたい。

（1）「温暖化ガス、コロナで急減　今年はリーマン時の6倍」『日本経済新聞』（電子版）2020年5月10日（https://www.nikkei.com/article/DGXMZO58917110Z00C20A5EA3000/）
（2）「ポストコロナ、サステナビリティ推進の加速を。オランダ170名の学者グループが提言」Circular Economy Hub 2020年4月22日（https://cehub.jp/news/postcorona-dutch-manifesto/）
（3）「欧州、ポストコロナの経済復興は「グリーン・リカバリー」で。各界で動き高まる」

Circular Economy Hub　2020年４月22日（https://cehub.jp/news/green-recovery-alliance/）

（４）「新型コロナのようなパンデミック、今後も起こる恐れUNEP「環境対策が必要」」『毎日新聞』（電子版）2020年７月11日（https://mainichi.jp/articles/20200711/k00/00m/040/061000c）

（５） WCED（1987）*Our Common Future,* Oxford University Press, p.43.（環境と開発に関する世界委員会 編、大来佐武郎監修（1987）『地球の未来を守るために』福武書店、p.66）

（６） 2015年９月、国連サミットで、「我々の世界を変革する：持続可能な開発のための2030アジェンダ」が採択された。アジェンダには、2030年までに達成すべき国際目標として「持続可能な開発目標（SDGs）」が掲げられ、周知のように、17のゴールと169のターゲットが明記された。各企業は、これらのゴールとターゲットのいくつか、あるいはすべてを革新的な方法で達成することが期待されているが、ここにも企業家の「想像力」が要求されている。

（７） Elkington, J. (1997) *Cannibals with Forks: The Triple Bottom Line of 21st Century Business,* Capstone.

（８） Hall, J.K., G.A. Daneke and M.J. Lenox (2010) "Sustainable Development and Entrepreneurship: Past contributions and future directions," *Journal of Business Venturing,* Vol.25, No.5, pp.439-448.

（９） Parrish, B.D. (2010) "Sustainability-driven Entrepreneurship: Principles of organization design," *Journal of Business Venturing,* Vol.25, No.5, pp.510-523.

（10） 他者視点取得における他者とは、ここでは人以外の生物や非生命体も含まれている。

（11） Brown, K., W.N. Adger, P. Devine-Wright, et al. (2019) "Empathy, Place and Identity Interactions for Sustainability," *Global Environmental Change,* Vol.56, pp.11-17.

（12） Pahl, S and J. Bauer (2013) "Overcoming the Distance: Perspective taking with future humans improves environmental engagement," *Environment and Behavior,* Vol.45, No.2, pp.155-169.

（13） 板倉昭二（2014）「共感の発達」梅田聡 編『共感』（岩波講座 コミュニケーションの認知科学　第２巻）第２章、岩波書店、31頁。

（14） 板倉昭二（2014）「共感の発達」梅田聡 編『共感』（岩波講座 コミュニケーションの認知科学　第２巻）第２章、岩波書店、31-32頁。

（15） 梅田聡（2014）「共感の科学」梅田聡 編『共感』（岩波講座 コミュニケーションの認知科学　第２巻）第１章、岩波書店、４-５頁。

（16） Hockerts, K. (2017) "Determinants of Social Entrepreneurial Intentions," *Entrepreneurship Theory and Practice,* Vol.41, No.1, pp.105-130.

（17） Smith, A. (1759) *The Theory of Moral Sentiments,* Oxford University Press.（村井章子・北川知子 訳（2014）『道徳感情論』日経BPクラシックス）

（18） de Waal, F. (2009) *The Age of Empathy: Nature's Lessons for a Kinder Society,* Harmony Books.（柴田裕之 訳（2010）『共感の時代へ：動物行動学が教えてくれること』紀伊國屋書店、293頁）

(19)　Fligstein, N. and D. McAdam（2012）は、戦略的行為者が組織フィールドを秩序づける能力として、他者の協力を獲得するための社会的技能（social skill）を重視している。社会的技能の中核となるのが “get outside of their own heads” である（p.17）。これは、自分と異なる意見を持つ人々のなかに積極的に入り、良く相手の考え方を把握・理解することにより、協調や妥協で社会的同意を取り付けて社会的価値観などを維持・前進させることを意味している。彼らの言う社会的技能も共感能力に通じるものと考えることができる。(Fligstein, N. and D. McAdam (2012) *A Theory of Field,* Oxford University Press.)

(20)　Humphrey, R.H. (2013) “The Benefits of Emotional Intelligence and Empathy to Entrepreneurship,”*Entrepreneurship Research Journal,* Vol.3, No.3, pp.287-294.

(21)　Korte, R., K.A. Smith and C.Q. Li (2018) “The Role of Empathy in Entrepreneurship: A core competency of the entrepreneurial mindset,” *Advances in Engineering Education,* Fall 2018.

(22) Ruskin, J., R.G. Seymour and C.M. Webster (2016) “Why Create Value for Others?: An exploration of social entrepreneurial motives,” *Journal of Small Business Management,* Vol.54, No.4, pp.1015-1037.

(23)　Tiwari, P, A.K. Bhat and J. Tikoria (2020) “Mediating Role of Prosocial Motivation in Predicting Social Entrepreneurial Intentions,” *Journal of Social Entrepreneurship,* pp.1-24. ISSN 1942-0676.

(24)　前田洋枝（2008）「環境ボランティア活動をうながすためのエンパワーメント」広瀬幸雄 編『環境行動の社会心理学』北大路書房。

(25)　Bacq, S. and E. Alt (2018) “Feeling Capable and Valued: A prosocial perspective on the link between empathy and social entrepreneurial intentions,” *Journal of Business Venturing,* Vol.33, No.3, pp.333-350.

(26)　たとえば、Konig, A., J. Bundy and L.M. Little (2020) “A Blessing and a Curse: How CEO's trait empathy affects their management of organizational crises,” *Academy of Management Review,* Vol.45, No.1, pp.130-153. や、Muller, A.R., M.D. Pfarrer and L.M. Little (2014) “A Theory of Collective Empathy in Corporate Philanthropy Decisions,” *Academy of Management Review,* Vol.39, No.1, pp.1-21. を参照。また、感情知能が部下と上司の関係に与える影響については、多田浩司（2012）「感情知能の変化が上司と部下の関係性に与える影響」『組織科学』Vol.46, No.1, 58-70頁を参照。

(27)　たとえば、Ericson, T., B.G. Kjønstad and A. Barstad (2014) “Mindfulness and Sustainability,” *Ecological Economics,* Vol.104, pp.73-79. を参照。

(28)　「コロナと資本主義：企業は社会と生きる存在」『日本経済新聞』2020年５月３日。

(29)　「コロナ渦でも底堅いESGファンド」『日本経済新聞』（電子版）2020年６月23日（https://www.nikkei.com/article/DGXMZO60536300Z10C20A6000000/）

(30)　「企業価値、コロナで一変」『日本経済新聞』（電子版）2020年７月12日（https://www.nikkei.com/article/DGKKZO61424140R10C20A7MM8000/）

(31)　「業績急悪化の「パタゴニア」営業再開に慎重な訳：休業は早く、再開はどこより遅くの独自路線」『週刊東洋経済』（電子版）2020年５月18日（https://toyokeizai.net/articles/-/350460）

(32)「ユニリーバ・ジャパン プレスリリース」2020年３月25日（https://www.unilever.co.jp/news/press-releases/2020/helping-to-protect-lives-and-livelihoods-from-the-covid-19-pandemic.html）

(33) 前掲書。

(34) Luthans, F., C.M. Youssef-Morgan and B.J. Avolio (2015) *Psychological Capital and Beyond*, Oxford University Press.（開本浩矢・加納郁也・井川浩輔・高階利徳・厨子直之 訳（2020）『こころの資本：心理的資本とその展開』中央経済社）

第12章 今後の展望

—不確実な未来のための行動様式と心構え—

中川功一 *NAKAGAWA Koichi*

1. 総括としての、不確実性のマネジメント

1.1 最後の章のねらい

本書では、日本のコロナ期における経営を、理論・事例・統計から多面的に検討してきた。敢えてテーマを絞らず、さまざまな論者によるさまざまな論調を採り上げたが、そんな中でも、業務や働き方の変革は待ったなしであることや、多様な対策や余裕をみた業務設計などによる「レジリエンス」の埋め込み、テレワークに対応したスキルとメンタルの準備などが、緩やかな共通項として見出されてきたのではないかと思われる。

この最終章では、それらの知見を総括する意味で、感染症という不確実性が支配する時代に求められるマネジメントとして、エフェクチュエーションと呼ばれる比較的新しい経営理論を皆さんに紹介し、本書を締めくくりたい。

1.2 不確実性

結局のところ、これからどうなるのかは、誰にも分からないのだ。これから先に何が起こるか分からないこと、これを経営学や経済学など社会科学分野で幅広く「不確実性」(uncertainty) という。コロナがいつ収束するとも、逆にどのくらい広がりを見せるのかも、その感染対策として何を禁じ何を奨励すべ

きなのかも、まだ我々はほとんど分かっていない。分かっていないからこそ、我々は多様に広がる未来のシナリオに合わせ、事業体制に幅をもたせたり、何が起こってもよいように個人のメンタルを健全に保とうとしている。何が起ころうと、それを受け入れ、しぶとく生き抜いていくというのが、感染症時代の経営を通底する考え方である。

不確実性のマネジメントは、経営学の中ではまさに近年になって著しく前進した分野である。実のところ、不確実性という概念自体はすでに100年前には登場しているし、それに企業経営としてどう向き合うかも、半世紀以上も昔から議論が続けられてきた。現実社会でも、もう何十年も昔から、経営や雇用の安定が約束されない時代だという言葉が繰り返されている。だが、20世紀までの不確実性へのマネジメントは、現代とはその基本思想が異なっている。旧来の不確実性への姿勢が「不測の変化の影響を局所化し、組織や個人に安定をもたらす」ものであるのに対し、現代ではいよいよ「不測の変化を受け入れ、組織と個人もまた変化をすることで適応する」という思想転換が起こったのである。

古くは1960年代には、経営組織論のなかで、不確実な状況に対応する組織の模索が始まっている。その基本アイデアは、「不確実な事柄がある事業環境に対して、組織の一部を柔軟な設計にしておき、対応せよ」という、変化の影響を局所化して対応し、組織の大部は安定した運用ができるようにする、というものであった(1)。1990年代には、雇用とキャリアに安定が約束されない時代をどう生き抜くのか、という問いが世界的に注目される。それに対する学会が提示した方向性は、変わりゆく時代にあって、不変の自分の軸を持ち、汎用的なスキルを培って主体的にキャリアを描くべき、というキャリアデザインの考え方である(2)。限定的なレビューとならざるを得ないことをご容赦いただきたいが、こうした「変化するなかに、安定をもたらすこと」が、2000年頃までのマネジメントというものの基本思想だったといえる。

これに対し、近年の経営学では、まさに変化そのものを組織や個人に内包するための方法が議論されるようになっている。安定をもたらすのではなく、真の意味で変化そのものをマネジメントする方法が議論されているのである。近年に起こったイノベーションやビジネスモデルといった学問領域の隆盛は、まさに企業が変化の術を必要とし始めたからであるし、個人のキャリアにおいても、予定どおりにいくことなどあり得ないのだから、偶発的な出来事から新しい機会を掴むべきであり、そういう幸運が舞い込みやすい行動をとるべきだという計画的偶発性理論などが注目されるようになっている(3)。

こうした状況の想定は、感染症時代にはよく当てはまる。感染症の動向は事業活動のあらゆる側面に、広範かつ、予測不能な影響を与えており、その影響を一部に局所化することは多くの企業にとって困難であろう。であれば、都度起こる変化に即応し、組織や個人もまた変わり続けていくことを許容するようなマネジメントこそが、この時代に求められるものであろう。

2. 不確実性下の行動様式：エフェクチュエーション

総じて、不確実性が状況を支配し、組織内に変化を受け入れていく必要があるとき、どのような行動様式が求められるのか。それを総合的に議論したものが「エフェクチュエーション」の理論である。提唱者のサラスバシーは、新規事業創造という不確実性の世界に挑み、そこで成功を収めた企業家たちの行動様式を調べ、それを安定した組織運営に長けた大企業の優れた管理職と比較した(4)。その中で、サラスバシーは、大きな組織に安定をもたらす管理職が行うマネジメントと、企業家たちの変化する状況下でのマネジメントは、決定的に異なっていることを明らかにしている。管理職の思考・行動パターンは、計画を立てて、ゴールから逆算して、論理的にものごとを順序だてることから「コーゼーション（causation)」という名前が付けられ、対して企業家のパターンは、現状に即してできる事を実践し、そこから自分の未来を切り開くべく影響を与えていくという意味で「エフェクチュエーション（effectuation)」と名付けられている。

「コーゼーション」は、かつて論じられていた「変化する状況のなかに、安定をもたらせる」優れたマネジャーの、典型的な姿である。大企業のベテラン管理職は、大組織を混乱に陥れるようなリスクを避け、緻密な計画を立案し、それを実行する。途中で想定外の事態に慌てないように未来を予測し、それに基づいて期間中の行動計画を立て、実際に行動を開始してからは、活動が安定的に継続できるように統制をする。そうした慎重な行動計画と管理体制を持ち、リスクを最小化できているからこそ、期待利益の最大化を目的として動いていくことができる。

一方、成功した企業家たちは、事業創造のために、真逆の発想「エフェクチュエーション」に則って行動していた。変化の激しい環境に身を置く彼らは、未来は予測などできず、自分たちで切り拓いていくものだと考える。明確な最終目標を持つことは困難であることを体得しており、激変する環境では計画もさして意味を持たないことを理解しているから、まずは自分の手元にある手段で何ができるかを考える。そして、日々起こる想定外の出来事のなかから、事業を発展させる機会を見つけ出していく。そうした不確実な状況の中では、リスクを取り除くことはできなくなるため、常に損失を計算し、致命傷を負わないような判断をする。

このサラスバシーの研究成果は、従来型の「安定をもたらすマネジメント」と近年勃興した「変化を内包するマネジメント」の２つを類型化し、その対比を明確にしたものとして注目される。この「エフェクチュエーション」の理論を今一歩紐解きながら、そこから感染症時代の経営のために、我々が何を学ぶことができるのかを検討してみよう（**図表12-１**、**図表12-２**）。

図表12-１　エフェクチュエーションとコーゼーションの違い

	エフェクチュエーション（不確実な状況に向く）	*コーゼーション（安定した状況に向く）*
発想の起点	手元の手段から考える	最終目標から考える
リターン・リスクに対する考え方	許容可能な損失を計算してその範囲で行動する	期待利益を最大化できるように行動する
変化への対応	想定外の事態から次なる機会を見つけ出す	想定外の事態を避け、計画どおりに統制する
外部との関係	可能性のある仲間を探す	競合との戦い方を考える
未来に対する態度	自らつくり出す	予測する

出所：サラスバシー（2015）をもとに筆者作成

・ゴールから考えるのではなく、今できる事から考える

図表12-1のとおり、エフェクチュエーションは大きく5つの項目にまとめられている。その第1は、ゴールから計画立てるのではなく、今できることから考えるということである。変化が予測できないならば、長期の計画や目標はほとんど無意味となる。常に今を起点に、手元にある資源から事業活動を都度デザインしていくべきだというのが、その主旨である。

長期計画に拠るのではなく、目の前の状況に応じて再構築を繰り返す。これは、感染症時代の基本的な行動規範としてもごく納得的だとみてよいだろう。当初の目標や計画に縛られると、事業としても成り立たなくなるばかりか、自社従業員を感染のリスクにさらすことにもなりかねない。日々の感染状況の推移や、自社が事業をする地域や国の実際的状況に沿って、手元にある利用可能な資源で、何ができるかを、柔軟に都度再構築していくという姿勢がまず求められるだろう。

・企業家は実はリスク回避的である

サラスバシーの研究成果として、意外性をもって受け止められたのは、「成功する企業家は、じつはリスクを好まない」ということであった。それまで、企業家はそれ以外の人よりリスクを取れるからこそ起業し、果敢な挑戦によって成功を収めてきた、と考えられていた。しかし、サラスバシーの研究では、

図表12-2　エフェクチュエーションの観点からみた不確実性としての感染症の時代の行動様式

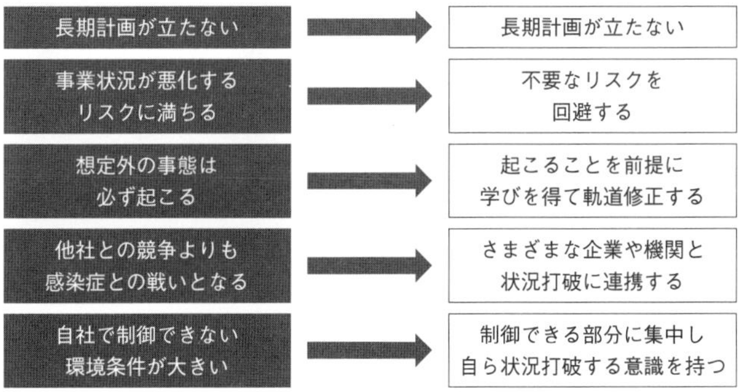

企業家はリスクのある環境に身を置くからこそ、つまらないミスで命取りにならないように、最大限、リスクを取り除き、慎重に失敗したときのダメージを計算して、石橋を叩くようにして意思決定をしていたのである。

感染症の時代の経営判断としても、この姿勢は大切となると思われる。リターンを大きくすることを期待して、リスクを取ることは、感染の恐れが強くある中では望ましい経営判断とは言えない。感染発生時の操業停止や、あるいは信頼・信用といった無形の資産に対する甚大なダメージを考えれば、わずかな売上増、生産効率の改善のために感染の恐れが高まるようなことは避けるべきだからである。また、感染が収まるとの予測だけに立った投資したり、逆に感染が爆発するという予測だけに立って投資をすることも多大なリスクを伴う。「どうなるかわからない」が正解なのだから、こうなったならば大きなリターンが見込まれる、という希望的観測に基づく行動は概して大きく外れる可能性が高い、と考えるべきであろう。

・想定外の事態を制御しようとするのではなく、想定外の事態を受け入れる

エフェクチュエーションの行動原則の第３は、サラスバシーによって「レモネード」と名付けられている。レモンとは英語のスラングで不良品を意味する。レモンができてしまったら、レモネードにすればいいじゃないか、という、失敗してもそこから何かを学習し、次に生かせばよいという考え方である。

それが自分たちのミスによる失敗であるのか、自分たちの預かり知らぬところで起こった問題であるのかは問わず、不確実性が支配する世界では当初予定どおりにはものごとが進まないことが一般的である。組織に安定をもたらしたいならば、レモンを生み出さないことにこそ意識を集中する。しかし、それがほぼ無理である状況では、レモンが生まれてしまうことを念頭に、そこから何を掴み、どう次に向けて再び立ち上がるかが大切になるのである。

感染症の時代にあっては、企業経営は常に不測の事態の連続であろう。不測の事態のたびに大慌てし、肩を落としたり、まごついたりしていては事業活動が成り立たない。大切なのは切り替えであり、今ここからの軌道修正である。起こった事態からしっかり学びを得て、事業活動をリデザインすることこそが大切となる。

・どう戦うかより、どう連携するかを考える

サラスバシーによって明らかになった企業家の行動様式の第４は、企業家は誰とどう競争するかということよりも、誰とどう連携するかにより思考を割くということであった。スタートアップ企業の、限られた自社資源を考慮すると、頼れる仲間を集め、協力し合うほうが成果を得やすいのである。もとより不確実な事業状況にあって、自社にとってのリスク要因となるような競争をするよりは、自社製品・サービスに価値を見出している顧客やパートナー企業と協力しあったほうがよいわけである。

本書でも第11章などで議論してきたように、感染症時代の経営はとりわけ「誰かと争う」という側面以上に、「互いに協力する」側面が強調される。敵は人類ではなくCOVID-19なのである。それが経済全般に甚大な影響を与えている以上、ことさらにパイを奪い合おうとするよりも、パイを再び大きくしていけるよう、協力すべき時代が訪れていると考えられるだろう。

・「機中の操縦士」コントロールできることに集中する

エフェクチュエーション第５の行動原則は、「機中の操縦士」（pilot-in-plane）と呼ばれる原則である。最悪の乱気流に巻き込まれたとき、エンジントラブルが起こったとき、乗客の命は自分の手腕にかかっているのだ。「たら・れば」で起こってもいない状況を望んでも仕方がなければ、自分にコントロールできない乱気流やエンジンのことを考えても仕方がない。未来が拓かれるか否かは、ただ、自分自身の力だと考える。そして、いま自分がコントロール可能なものだけに集中し、それらを用いて最善の成果を得ようとする。これが、成功した企業家にみられた、最重要の特徴であるとするのである。

不確実な状況では、問題を自分ごとにとらえ、自らその状況を変革し突破しようとする企業・人が実際に成功を収めていたとする研究成果は、サラスバシーのみならず、過去幾度となく実証されてもきていることは、ここで特に強調したい点である(5)。未来はその手の中にあると自覚を持ち、感染症時代の自分の人生をよく生き抜く。感染症の時代、活動が予定どおりに進まないことを、つい他責にしがちである。しかし、COVID-19の推移や社会動向を読み間違えたのはまさに自責であり、そしてまたその読み間違えを悔いても仕方がな

い。常に問題は今であり、今から未来を向いて、自分と仲間の力で状況を打開しようという考え方が、感染症の時代には大切になると思われる。

3．感染症時代の心構え

本節をもって、いよいよ本書は締めくくりとなるが、最後に強調したいのは、まさに直前に採り上げた、「未来は私たちの手にある」という精神性である。「未来はどうなるかは、それを構想し、実行に移した人物のものである」ということは、センスメーキングの名前で知られる、経営学のユニークな知見の1つである。「センスメーキング」とは、誰かが他の誰かに状況解釈を提供することを指す（センス：sense＝意味を、メーキング：making＝作る）。自分たちを取り巻いている状況がどういうものなのか、未来はどうなるのか、自分の考えに沿って状況に意味づけをする行動のことである。

その典型例として、アップルの元CEO、故スティーブ・ジョブズ氏の経営手法を振り返ってみよう。彼が、会社のこれからの方針や新商品を発表するプレゼンテーションの世界発信に、並々ならぬ準備をしていたことは良く知られる事実である。彼は少し先の未来がどのような社会になるかを魅力的に語り、そこでどのような製品やサービスが人々に求められているかを語る。彼自身の描いたこのヴィジョンへの共感と理解が高いほどに、従業員は自分がアップルにいる意味を見出し、動機づけられ、よりよく働けます。彼はそれに加えて、このプレゼンテーションで、投資家たちも納得させてしまえば、顧客の獲得すらも成し遂げる。自分なりに未来のヴィジョンをありありと創り上げることで、その通りに現実世界を動かしたのである。

センスメーキングがもたらす興味深い現象が、スティーブ・ジョブズ氏の例で見た、予言の自己成就である。予言の自己成就とは、文字通り、発せられた言葉が真実であるかどうかにかかわらず、その言葉が人々の行動に作用することで、それを現実のものとしてしまう現象のことである。社内の有力人物が「この新規事業はうまくいくはずがない」と発言したならば、それは実際に社内での資源配分に反映されてくるし、また新規事業に取り組む従業員のモチベーションも低下させてしまい、実際に失敗してしまう。二国間での戦争が不回避だと両国で思われているとき、その確信にそそのかされて、二国の代表者たちの感情はますます離れ、相手の攻撃に不安を抱いて予想どおりの戦争という結末をもたらしてしまうこともある。

かようにして、未来がどのようになるというイメージは、その人物の思考や行動を通じて具体化される。多くの人々が、感染症に気を病み、未来を悲観して自暴自棄になって行動を開始すれば、そのとおりの未来が訪れるのは想像に難くないだろう。一方、感染症にも人々と連帯し、よき未来を創っていくべく行動をすれば、その未来イメージを共有する他者との相互作用の中で、やはり強く団結し合った未来が実現されていくのである。未来は一人ひとりの手のなかにあるという言葉は、決してキレイゴトでも正義感ゆえのものでもなく、思考は実践を通じて自己成就するというこの社会の運動原理：センスメーキングの理論から導かれる命題なのである(6)。

ただし、その未来への責任ばかりを一人ひとりが重く背負いすぎる必要はない。仲間とともに、社会とともに、それぞれの役割を分担しながら、いま自分にできることをやればよいのだ。リモートワークなどの人との触れ合いが制限された状況や、先が見えない状況で、働き手のストレスが高まっていることはここまで確認してきたとおりである。パフォーマンスが上がらないのが自然。常に健全な精神を保持し、モチベーションを燃え立たせ続けられないのが自然なことなのである。

気楽にあること。根拠などなくとも、楽観的に、希望をもっていることが、業務パフォーマンスを高めることもまた、近年の経営学では明らかにされてきている(7)。かくして、「アカデミーの力を社会に」をモットーとする筆者は、この感染症の時代にあって、さまざまな側面に経営学の知見が活きることをお伝えしてきた。とかく心理に負担がかかりがちなのがこの感染症時代である。根拠などなくとも希望をもって。皆で協力し合って、ともに未来を拓いていけることを願っている。

（1） J.D.トンプソン著、大月博司・廣田俊郎 訳（2012）『行為する組織：組織と管理の理論についての社会科学的基盤』同文舘出版。

（2） 典型的には、エドガー・シャイン著、金井壽宏 訳（2003）『キャリア・アンカー 自分のほんとうの価値を発見しよう』白桃書房、Lepak, D.P. and Snell, S.A.（1999）The Human Resource Architecture: Toward a Theory of Human Capital Allocation and Development. *Academy of Management Review,* 24(1), 31-48. など。

（3） イノベーションやビジネスモデルについて、典型的にはアレックス・オスターワルダー・イヴ・ピニュール著、小山龍介 翻訳（2012）『ビジネスモデル・ジェネレーション　ビジネスモデル設計書』翔泳社。計画的偶発性理論について、Mitchell, K.E., Al Levin, S., & Krumboltz, J.D. (1999) Planned happenstance: Constructing unexpected career opportunities. *Journal of counseling & Development,* 77(2), 115-124.

（4） サラス・サラスバシー著、加護野忠男・高瀬進・吉田満梨 訳（2015）『エフェクチュエーション 市場創造の実効理論』碩学舎。

（5） 筆者自身の研究でもそれは再確認されている。ジャスミン革命期の、先の読めないチュニジアにおいて成功を収めたマネジメントを、相対的に安定した環境で成功裏に経営を行っていた日本企業と対比をした結果、チュニジアでは特に進取的に変化に先んじ、未来を構想するタイプの経営スタイルのほうが成功を収めやすかったことが検証されている。出典：Abidi, D. and Nakagawa, K. (2020) Management approach for innovation success in unstable and stable environments: Opportunity-based approach vs. administrative control approach. *Competitiveness Review,* 30(1), 22-40.

（6） センスメーキングの重要性について、中川功一（2019）『戦略硬直化のスパイラル どうして企業は変われなくなるのか』有斐閣。

（7） フレッド・ルーサンス、キャロライン・ユセフ=モーガン、ブルース・アボリオ著、開本浩矢・加納郁也・井川浩輔・高階利徳・厨子直之 訳（2020）『こころの資本』中央経済社。

あとがき

こんなことを書くと自画自賛に聞こえ、読者の皆さんは興醒めしてしまうかもしれないが、私はこの本を出せたことをとても誇りに思っている。その第1の理由は、企画から出版までわずかに4カ月という、学術書としては異例のスピードで出版できたこと。第2に、それを可能にした、数多の国内有力研究者たちの研究発表が、感染症への緊急的・自発的なアクションとして為されたこと。つとに、経済学や経営学は何の役に立っておるのだとの批判・お叱りを受けることが多いなかで、なかなかどうして、我々のアカデミーは捨てたものじゃないと思ったのである。この困難の時代にあって、一刻も早く社会のために知とその技法を使おうとする研究者たちは、ここに、ちゃんといたのだ。そして、我々の学界が培ってきた学問が、たしかに、この時代に一定の役割を果たしうるのだと、確信することができたからである。

かくいうわけで、ここではあとがきとして、本書の出版に至るまで、どのような研究活動が為されてきたのかを簡単に紹介するとともに、それらの研究活動に携わった方々に簡単ながら感謝の意をお伝えしたい。

本書は、2020年4月7日に政府の緊急事態宣言を受けてから迅速に実施された、2つの事例研究、3つの統計調査、3つの理論的研究が元になっている。

●感染症対策への能動的なアクションを描き出す、2つの事例研究

・寺村絵里子先生（明海大学）をプロジェクトリーダーとする、株式会社VSNの全面テレワークへの業務活動のシフトに関する事例研究（第4章）。寺村先生たちに謝意を表するとともに、快くインタビュー当にご協力頂いた株式会社VSNの皆さんにも御礼申し上げたい。

・三井住友信託銀行の佐藤正克氏・吉田陽祐氏による、同社を素材とした、株主総会オペレーションの変革に関する研究（第10章）。厳密なエビデンスに

基づく、確固たる筆致で、同社や業界における取組みを包み隠さずお伝えいただいた。ここに感謝を申し上げたい。

●感染症時代の経営実態に迫る、3件の統計調査

・原泰史先生（一橋大学）を代表とし、私が副代表として携わった、18人の経営学者およびHR総研（ProFuture株式会社）による、「新型コロナウィルス感染症への組織対応に関する緊急調査」（第5章、第6章）。多数に及ぶため個別の名前をここで紹介することは控えるが、調査設計から実施、分析まで、わずかな時間で熱量高く研究をまとめ上げてくれた先生方に感謝をお伝えしたい。そして、機会を与えて下さったHR総研と、調査にご協力いただいた各社にも御礼申し上げたい。

・江夏幾多郎先生（神戸大学）を中心とする人的資源管理分野の6名の研究者がリクルートワークス研究所と行った、COVID-19が流行する状況での生活や就労の実態についての個人調査。緊急事態宣言下で、総勢4,363名の就労者から回答を得た、今日を知るにきわめて重要な調査である。本書では第7章・第8章でその結果の概要をご紹介いただいた。調査の即時性と実行力とに敬意を表するとともに、本書にその成果を快く供出いただいたことに感謝申し上げたい。

・藤本昌代先生（同志社大学）によって行われた、京都の地場中小製造業を対象とした、地方製造業におけるコロナの影響調査（第9章）。地方製造業という、我が国経済の足腰となる部分が、いまどのような状態にあるのかを活写いただいた。藤本昌代先生らしい、批判的視座を忘れず、理論に基づく思索と実態データとを照合されていくアプローチもまた、我々に感染症時代を新しい視点で深掘りすることを可能としてくれた。一稿よろしく頼みます、とばかりの若輩の不躾なお願いを快く受け入れていただいた氏に改めて感謝したい。

●時代を読み解くための理論的考察、3件

・藤本隆宏先生（東京大学）による、長年のものづくりシステムの研究に立脚した、感染症時代のレジリエンスと競争力の両立に向けた試論（第2章）。

氏だからこそでき、氏だからこそ重い提言を、堅牢な論理で説明いただいた。1つのテーマを生涯追求するからこその境地であり、社会へのよきメッセージを発信していくことを旨とした、社会科学の研究者の1つのあるべき姿勢を示して頂いたように思う。本書への寄稿をご快諾いただけたことに、深く感謝申し上げる。

・涌田幸宏先生（名古屋大学）による、サステナビリティや企業の社会性からの感染症時代の経営への理論的考察（第11章）。氏の論稿は、このなかでは唯一、本書の企画が持ち上がってから構想を練っていただいたものである。サステナビリティや共感といったテーマについて、近年の世界の研究動向に触れ、そこから感染症の時代の方向性を導くという大技を、わずかに1カ月弱の期間で集中的に取り組んでいただいた。例によって、私の軽々しい「先生こんなのやってくださいよ」という軽口にもとれるレベルの依頼を快く引き受けていただき、全力で取り組んでいただいた、その柔軟な姿勢に、ただただ感謝である。

・編者自身（中川）による、組織事故の理論に基づく、感染対策を組織に組み込むための考察（第3章）と、エフェクチュエーションの理論に基づくこれからの変化の時代を乗り越えるためのマネジメントアプローチの考察（第12章）。

＊＊＊

経営学には、必要多様性（requisite variety）という概念がある。組織というものは、安定的に運営するために、あえて状況をシンプルに解釈し、その解釈に沿って日常的なルーチン（業務の決まったかたち）を構築する。日常的とはつまり、基本的には不変であり、何度も繰り返されるということだ。刻一刻と変化する事業環境のなかで、ひとときでも安定したルーチンの塊をつくり出す作業こそが、組織をつくるということである。翻って、組織というものはこの成立理由ゆえに、生来、環境変化のシグナルを見落としがちで、時代に遅れがちになる。そこで、環境変化を察知し、読み解き、ルーチンを刷新していくためには、組織のなかでの支配的な状況解釈、支配的なルーチンだけではなく、新しい状況解釈と、それに基づく新しいルーチン創造活動が一定量保持されていなければならない。この、思考と行動の両面で、一定の多様性が必要だ、ということを指して、必要多様性というのである。

感染症時代という、どう変化するとも不明で、先が読めない時代にあっては、我々は社会として必要多様性を保持していくことが必要であろう。感染症の影響は多方面に及ぶ。常に、総合判断が求められるわけで、あるときに正解だった方法が、次に実施するときには不正解になることも少なくない。常に、多面的な検討と、多様なソリューションの提案が求められるのである。

かくいうわけで、私は本書において、日本のアカデミーから、多様な理論と多様な分析で、多面的にこの時代のための経営のかたちを読み解こうという取り組みが行えたことを、とても嬉しく、また誇りに思うわけである。読者の皆さんが、本書から、何かしらの時代を生き抜くヒントを見出してくれた幸いである。私たちの願いは１つ、アカデミーと社会とが、手を取り合って、この難局を乗り越えていくことだからである。

手を取りあってこのまま行こう
愛するひとよ
静かな宵に
光を灯し
愛しき教えを抱き
Queen, 1977「Teo torriatte（Let us cling together）」

2020年８月

中川功一

執筆者紹介

中川功一（なかがわ・こういち）第1章・第3章・第6章・第12章

大阪大学大学院経済学研究科准教授
1982年生まれ。経済学博士（2009年、東京大学）。専門はイノベーション・マネジメント。「アカデミーの力を社会に」がモットー。
主著に『戦略硬直化のスパイラル』（2019年、有斐閣）など。
YouTubeチャンネル「中川先生のやさしいビジネス研究」でも経営学普及に努める。

藤本隆宏（ふじもと・たかひろ）第2章

東京大学大学院経済学研究科教授、同ものづくり経営研究センター長
1955年生まれ。1979年 東京大学経済学部卒業。株式会社三菱総合研究所入社。1989年 ハーバード大学経営博士号取得（D.B.A.）。1990年 東京大学経済学部助教授。1998年 同教授。2003年より東京大学ものづくり経営研究センター長。2013年より一般社団法人ものづくり改善ネットワーク代表理事。

寺村絵里子（てらむら・えりこ）第4章

明海大学大学院経済学研究科教授、同経済学部教授（兼担）
1972年生まれ。企業勤務を経て2015年お茶の水女子大学大学院にて博士（社会科学）取得。専門は人的資源管理論、ジェンダー論。
主著に編著『日本・台湾の高学歴女性　極少子化と仕事・家族の比較』（晃洋書房・近刊）など。

今川智美（いまがわ・ともみ）第4章・第6章

ビジネス・ブレークスルー大学助教
1986年生まれ。大阪大学経済学部卒業、同大学院経済学研究科にて博士号取得。専門は国際経営論。

安藤史江（あんどう・ふみえ）第 4 章

南山大学経営学部教授
1972年生まれ。名古屋大学経済学部卒業。東京大学大学院経済学研究科博士課程単位取得退学。東京大学より博士（経済学）取得。専門は組織学習論、組織変革論。
主著に『組織学習と組織内地図』『組織変革のレバレッジ』（いずれも白桃書房)、『コア・テキスト組織学習』（新世社）など。

中園宏幸（なかぞの・ひろゆき）第 5 章

広島修道大学商学部准教授
1989年生まれ。同志社大学大学院商学研究科修了、博士（商学）。同志社大学商学部助教、広島修道大学商学部助教を経て、2019年より現職。専門は経営戦略論、イノベーション論。
主要論文に「オープン・イノベーションにおける研究開発組織の分化」（碩学舎ビジネス・ジャーナル）など。

原 泰史（はら・やすし）第 5 章

一橋大学大学院経済学研究科特任講師、GRIPS・早稲田大学・関西学院大学客員研究員
国立豊田工業高等専門学校卒業。株式会社クララオンラインを経て、一橋大学、政策研究大学院大学、パリ社会科学高等研究院等を歴任。専門は産業組織論。CELLSTEMCELL誌等に学術論文を公刊。
近刊に、『Pythonによる経済・経営分析のためのデータサイエンス～分析の基礎から因果推論まで～』。

佐々木将人（ささき・まさと）第 6 章

一橋大学大学院経営管理研究科准教授
1980年生まれ。一橋大学商学部卒業、同大学大学院にて博士号取得。武蔵野大学政治経済学部専任講師、一橋大学商学研究科講師を経て2013年より現職。専門は、経営組織論、経営戦略論。
主著に『日本企業のマーケティング力』（共著、有斐閣）など。

麓 仁美（ふもと・よしみ）第７章

松山大学経営学部准教授
1981年生まれ。松山大学経営学部卒業、神戸大学大学院経営学研究科博士課程修了。松山大学経営学部専任講師を経て現職。専門は組織行動論、経営管理論。
主著に『日本のキャリア研究：組織人のキャリア・ダイナミクス』（共著、白桃書房）など。

服部泰宏（はっとり・やすひろ）第７章

神戸大学大学院経営学研究科准教授
1980年生まれ。神戸大学大学院経営学研究科博士課程修了。滋賀大学経済学部、横浜国立大学経営学部などを経て現職。人的資源管理論／組織行動論専攻。
主著に『日本企業の心理的契約』（白桃書房）、『組織行動論の考え方、使い方』（有斐閣）、『日本企業の採用革新』（中央経済社）など。

神吉直人（かんき・なおと）第７章

追手門学院大学経営学部准教授
1978年生まれ。京都大学経済学部卒業。同経済学研究科修了。神戸大学経済経営研究所附属政策研究リエゾンセンター、香川大学経済学部を経て現職。専門は経営組織論、組織行動論。
主著に『小さな会社でぼくは育つ』（インプレス）など。

江夏幾多郎（えなつ・いくたろう）第８章

神戸大学経済経営研究所・准教授
1979年生まれ。一橋大学商学部卒業、同大学にて博士（商学）取得。名古屋大学大学院経済学研究科を経て2019年より現職。専門は人的資源管理論、雇用システム論。
主著に『人事評価における「曖昧」と「納得」』（NHK出版）など。

藤本昌代（ふじもと・まさよ）第9章

同志社大学社会学部・社会学研究科教授、同志社大学働き方と科学技術研究センター長
博士（社会学）。（独）経済産業研究所ファカルティフェロー、スタンフォード大学客員研究員、フランス社会科学高等研究院客員教授、フランス労働経済学・労働社会学研究所研究員など。
主著に『専門職の転職構造』（文眞堂）、『欧州の教育・雇用制度と若者のキャリア形成』（白桃書房）。

佐藤正克（さとう・まさかつ）第10章

三井住友信託銀行株式会社 執行役員証券代行部長
1966年生まれ。東京大学法学部卒業。1991年三井信託銀行株式会社（現三井住友信託銀行株式会社）入社。同社において不動産、法人取引、法務、ストラクチャード・ファイナンス、経営企画等の各部署を経て2019年より現職。

吉田陽祐（よしだ・ようすけ）第10章

三井住友信託銀行株式会社 証券代行部企画チーム 主任調査役
1981年生まれ。横浜国立大学経営学部卒業、早稲田大学大学院法学研究科修士課程修了。2004年中央三井信託銀行株式会社（現三井住友信託銀行株式会社）入社。
主著に『株主総会、取締役会、監査役会の議事録作成ガイドブック』（共著・商事法務）など。

涌田幸宏（わくた・ゆきひろ）第11章

名古屋大学大学院環境学研究科准教授
1964年生まれ。慶應義塾大学卒業。同大学院商学研究科博士課程単位取得満期退学。関東学園大学経済学部専任講師、名古屋大学大学院人間情報学研究科助教授、同大学院環境学研究科助教授を経て2007年より現職。専門は経営組織論、新制度派組織論。
主著に『情報化の経営と組織』、『表象の組織論』（共著・いずれも中央経済社）、『コミュニティ・ラーニング』（共著・ナカニシヤ出版）など。

感染症時代の経営学

2020年11月22日　初版第1刷発行

編著者　中川功一

発行者　千倉成示

発行所　株式会社 千倉書房

〒104-0031 東京都中央区京橋2-4-12

電話 03-3273-3931(代表)

https://www.chikura.co.jp/

印刷・製本　精文堂印刷株式会社

造本装丁　米谷豪

ISBN 978-4-8051-1224-3 C3034